気にしない生き方

ひろゆき［西村博之］

SB Creative

僕はよく、「メンタルが強い」と言われる。

ネット上で叩《たた》かれても、
いろいろな訴訟案件を抱えていても、
飄々《ひょうひょう》としているからだろう。

しかし、僕は自分が
「メンタルが強い」とは思っていない。

なのに、どうして多くの人は
僕が強靭《きょうじん》なメンタルを持っていると
感じるのか。

その理由は、僕が「気にしない」からだ。

そして、それが
最も幸せな生き方だと考えている。

この本に載っているのは、
そんな僕の生き方である。

はじめに

こんにちは、ひろゆきです。

この本は、職場や学校などの集団生活のなかで、他人の目や他人の意見を気にしすぎてしまう人に向けて、僕自身が普段からやっている「気にしない生き方」をお伝えするためのものです。

アメリカで大学生をやっていたり、現在はフランスに住んでいたりする僕ですが、日本人は他人の目をやたらと気にする民族だなぁ……と思っていました。

「旅の恥はかき捨て」みたいな思想が日本にはあります。「モラルが高い」というわけではなくて、むしろ周りの日本人が作る「世間」に自分から縛られにいっているという感じがするのです。

わかりやすい例を挙げましょう。日本人が転職する理由では「人間関係」が上位に入ったりします。「他人にどう思われるか？」ということが、仕事をする上で重要だと思い込んでる人が多いんですよね。

イギリスの転職サイトを見ると、「上司が正当に評価して昇給してくれない」などは理由に挙がりますけど、職場の人間関係がいいかどうかは挙がってきません。アメリカの場合でも、「もっと給料のいい仕事が見つかったから」「就業時間が自由になる職場が見つかったから」など、転職の理由はポジティブなものが多いです。

つまり、「転職先が魅力的だから」というわけではなく、「人間関係がうまくいかないから」というネガティブな現状から逃げるのが転職理由になる時点で、幸せの階段を上っているわけではない日本人は多いのだなと個人的には思っています。

ちなみに、最近の日本の若い人がなりたい職業として、ユーチューバーやインフルエンサーがよく挙げられますが、その多くがメンタルの不調で休止経験があったりします。「自分の好きなことをして生きていくんだ！」と意気込んでユーチューバーやインフルエンサーのような仕事を目指しても、フォロワーや視聴者からのネガティブな反応を気にして心を病んでしまい、活動休止へと追い込まれるのだと思います。

他人の目を気にしすぎてしまう人は、「たとえ他人であっても『本当の自分』を理解してくれるはずだ」と勝手に思い込んでしまう傾向があるんだと思います。

たとえば、友達に「僕はこう思うんだよ」って話すと、「あなたはそう考えるんだね」としっかり耳を傾けてもらえますよね。それと同じように、「世間」の人たちも自分と仲良くしたいし、「自分がどんな人間なのか」を理解してくれるはずだって信じ込んでいるんだと思うんですよ。

でも、「世間」というものは、あなたのために動いてるわけではありません。あなたが幸せの階段を上るかどうかを一番考えてるのはあなた自身であって、「世間」ではないのです。

とはいえ、「他人に何か言われると気になる」という人が多いのも事実ですよね。しかし考えてみてください。たとえば小学生に「バーカ」と言われて本気で怒る大人はいないと思います。子どもが言ってることだよね……と聞き流す能力は誰しもが持っているのです。

「どうせ小学生には理解できないよね」とか「どうせほかの仕事をしてる人には理解できないよね」とかみたいに、他人の意見をいちいち気にするんじゃなくて聞き流せばいいだけなんですよね。

最後に1つ、僕の話をしましょう。

僕はよく、ほかの人から「メンタルが強い」と言われます。ネット上で叩かれても、かつて立ち上げたネット掲示板「2ちゃんねる」に関連したいろいろな訴訟案件を抱えていても、どうやら周りの人たちには、全然気にしてないように見えるみたいなんです。僕は特段、自分が強いメンタルを持っているとは思っていないんですがね。

こんなふうに言うとちょっと語弊があるかもしれませんが、僕は周りの人たちを基本「見下しモード」で眺めています。このモードでいると、他人から何か言われてもそんなに気にならず、ストレスフリーで過ごすことができるんです。基本的に聞き流しているんですよね。

要するに、「あの人はメンタルが強い」とか「わたしはメンタルが弱い」という能力の問題ではなく、「この言葉は聞き流す対象なのか?」という区分けの問題だということです。

自分の生き方次第で、幸せの感じ方は大きく変わるものです。

なので、他人の目や他人の意見をいちいち気にするよりも、余計なことは軽く聞き流す生き方、つまり「気にしない生き方」をしたほうが、幸せの階段を上ることができると僕は考えています。

僕としては、この本を読んだ皆さんに参考にしてもらえる何かがあればいいなと思っています。そして、人間関係の悩みを解決するきっかけになればうれしいです。

なお、本書は、二〇一九年四月に刊行された『自分は自分、バカはバカ。他人に振り回されない一人勝ちメンタル術』を、改題のうえ、加筆・改筆・再編集したものです。

二〇二三年十二月

ひろゆき

本書は、二〇一九年四月に小社より刊行された単行本
『自分は自分、バカはバカ。 他人に振り回されない一人勝ちメンタル術』
を、改題のうえ、加筆・改筆・再編集したものです。

目次

プロローグ

「幸せ」を感じるための考え方

第1章

他人に振り回されない

第2章

今いる場所にこだわらない

第3章

周りの目を気にしない

第4章

お金にとらわれない

エピローグ

気にしないための「7つの習慣」

プロローグ

「幸せ」を感じるための考え方

▼自分ひとりで生きていく時代

おしゃべりがうまくて社交的、誰とでも仲良くやっているように見える人っていますよね。人づき合いが苦手な人は、「ああいう人になりたい」とうらやましくなるかもしれません。

「人はひとりでは生きていけない」。日本では、よくこう言われますからね。「たしかにそうだ」と、素直に納得する人もいるでしょう。でも逆に「何かしっくりこないな」と感じる人もいるんじゃないでしょうか。

「人はひとりでも生きていけるんじゃないの？」と感じる理由は、皆さん自身が「ひとりでいることが好きで、他人とあまり関わらなくても、人生何とかやっていけているから」とか、そういうことだけではないと、個人的には思うのですよ。

最近では、仕事でもプライベートでも、多くの人とあまり関わらずに自分ひとりでできる領域がかつてより拡張していますからね。


僕は、ネット巨大掲示板「2ちゃんねる」の元管理人だったり、「ニコニコ動画」を作っていたり、英国圏最大の匿名掲示板「4chan」を管理していたり、最近では「YouTube」で視聴者からの質問に答えたりしています。

そんな感じで、システムを作ったり、ネットをながめたりしています。毎日会社に行って、社員の人たちと顔をあわせて一緒に働かなくても、「自分ひとり」だけで、家にいながら自分のペースで働くことができます。

まあ、僕は今フランス在住なので、物理的に日本の会社に毎日通うことはできないんですがね。

かつての日本には、「ムラ社会」という言葉でよく表現されるような地域共同体が存在しました。つまり、「ご近所さんの顔と名前は全部わかる」くらいの生活に根差したコミュニティです。

これは、地方の田舎だけではなくて、東京のような都市部にもありました。「ALWAYS 三丁目の夕日」という映画がありましたが、あの作品で描かれているような近隣住民との関係が濃い「地域共同体」が、昭和後期くらいまでの日本にはあったんですよ。

▼日本型雇用の終焉

終身雇用、年功序列などの昭和の日本型雇用は、こうした地域に根差したコミュニティがたくさん存在していた時代にはすごくマッチしていました。

大勢の人たちが工場のラインに並んで、同じ製品を大量に作る。モノを作る端から売れて、みんな「基本、横並び」で豊かになっていったわけですね。

学校教育も、大量生産時代に適したものになっていきました。

小学校、中学校の義務教育を終えたあとは、高校に進み、さらに大学へと進学することまで、「みんなが普通にやること」になりました。そして、高校や大学を出たあとは企業の新卒一括採用で会社員となり、そこで定年まで勤めあげる。

日本企業は、工場のラインを基本的なモデルにしてきました。大勢の人が同じようなことを繰り返して、同じようなモノを作っていく。

こういう場所では、並外れて優秀な人はとくに必要とされません。経営者にとっては、「まあまあ優秀」な人がたくさんいたほうが都合がいいわけです。

その頃、超儲《もう》かっている会社では、超優秀な営業成績を上げた社員の人がいても、個人が上げた利益はいったん会社に預けられました。経理の人や、管理職の人など、

1つの仕事に関係する人たちがすごくたくさんいたので、「会社が儲かっている」ことで、普通に在籍しているだけでも普通に給料が上がって、ボーナスが増えて、という人がいっぱいいいたんですね。

でも今は、儲かる仕事を始めた人がいたら、かつての日本企業では社内に担当者がいた「経理」とか「営業」とか、自分の得意な領域以外の仕事は、外注するようになってきました。ＩＴの世界なんかは、とくにそうですね。「個人が上げた利益」をほかの人にも分配する必要がない、「ひとりで稼ぎ」「ひとりで利益を受け取る」ビジネスモデルの会社がだんだんと増えてきました。

かつてのビジネスパーソンは「みんなでトクせざるをえない」構造の中で生きていました。それが、現代は「ひとりでトクする」ことが可能になった。日本だけじゃなく、世界中こんな感じになってきています。

▼幸せの鍵は「気にしない」こと

基本的に「みんなのことを気にせず、自分だけがトクする」ことができるのは、ビジネスだけではありません。趣味や娯楽といった、プライベートに関する領域でも同じことがいえます。

最近は「みんなでやらなくていいコンテンツ」がかなり充実してます。そうしたものには、無料で楽しめるものも多いですね。たとえば、きちんとした科学的根拠に基づく情報を入手したい場合、ネットで調べると、そういう価値ある論文ほど、むしろ無料で公開されていたりします。

生きていくために「なるべくお金を使いたくない派」の僕としては、ほんと素晴らしい世の中になったものだなぁ、と感じるのですよ。

こんなふうに、仕事にしろ、私生活にしろ、必ずしも「みんなと一緒にやらなくてもいい」「むしろ、ひとりでやったほうがトクをする」選択肢が増えてきたな、と思います。

「自分だけがトクする」場面がたくさんある現代だからこそ、周りにいるバカな人、人を攻撃する迷惑な人をいかにムダに気にせずにいられるかが、自分の人生を幸せに生きる鍵だと思うのですよ。

▼ＡＩ時代に求められる「気にしない」力

周囲の他人をムダに気にしないメンタルスキルは、ＡＩ技術がどんどん発展して、人間の仕事が奪われると言われる昨今、重要性が増していると思います。

そんなご時世では、かつての日本と同じように、単純労働（この中には、たいていのホワイトカラーの仕事も含まれます）をしているだけで、給料が増えていくことはありえません。「誰にでもできる仕事」は、もっと安い時給で働いてくれる誰かのところに行くわけですから。

今後、日本社会の全体的な傾向としていえるのは、日本企業の給料はそんなに上がらないし、かといって人手不足もなかなか解消できない、ということです。みんな安月給で、ずっと忙しい。僕は、そういう状態が続いていくことになるのではないか、と思うのですよ。

もし、この本をお読みの皆さんが今よりも豊かになりたいのであれば、「ほかの人ができない何か」を早めに見つけたほうがいいでしょう。とはいえ、この「何か」というのは、特別な資格などといった目に見えるものだけではありません。「メンタル」のような目に見えないスキルも、「ほかの人にはできない何か」に十分、なりうるのですよ。

たとえば、自分が今いる会社の上司にすごく気に入られているということだって、「ほかの人ができない何か」です。

上司に気に入られれば、「資産価値ある個人」として重宝されて、会社をクビにされにくくなりますから。

ここまでのところで、皆さんはもしかすると、「ＡＩが人間の仕事を奪うなんて言われている時代に、そんなことでいいの？」と思うかもしれません。

でも、人間の優秀さやスキルなんて、たかがしれているのですよ。もし国家公務員や大企業の社員が言われるほど優秀なのだとしたら、他国に比べて日本がこんなに停滞していることもないでしょうし。

もっとも日本の場合は、素材として優秀だった人が、企業や官公庁に入ると、ぜんぜん優秀でなくなってしまうという、残念なパターンのほうが多いかもしれませんがね。

それに「ＡＩが人間の仕事を奪う」のが本当だったとしても、僕はその対抗策が「ＡＩに負けないすごいスキル」を身につけることだとは思えないんですよ。

日本は労働集約型のほうにかじを切りましたが、それでもホワイトカラーの仕事を中心に、ＡＩをはじめとした機械化、自動化の仕組みがどんどん導入されていくのはたしかでしょう。

すでに伝票処理などの事務作業については、いくつかの企業でＲＰＡ＊（Robotic Process Automation）の導入が始まっており、「機械が人間の仕事を奪う」こと自体はもう始まってます。

人間が自然に行うタスクをコンピューターに学習させる機械学習、ディープラーニングなどによる、過去のデータを元にした将来予測についても、いろんな業界で可能性が探られています。

しかし、だからといって、ＡＩを開発できる超優秀なエンジニアでないかぎり、全員失業ということにはなりません。

＊ＲＰＡ：デスクワークを、パソコンに内在するソフトウェア型ロボットが人間の代わりに自動で行うことを指す概念。

本書の第2章で詳しくお話ししますが、企業を経営しているのが人間であるかぎり、ＡＩがあれば人間がいらないということにはならないんですね。

なので、これからの新しい時代に求められるのは、超優秀な人間というより、そこそこ仕事ができて周りに気に入られる「いい人」。気にしない力に秀でた個人ということです。

これからの時代、本当に「資産価値のある個人」というのは、こういう人だと思うわけです。意識高い系のアドバイスじゃぜんぜんないんですよ。

▼他人と賢く距離を置く技術

そして、気にしない力に秀でた人になるための鍵を握るのが、「他人と賢く距離を置く技術」だと僕は思うわけです。

「他人と賢く距離を置く」というのは、他人に対して傍若無人に振る舞うことでもなければ、バカな人やイヤなことをただ単に我慢することでもないし、あきらめて無気力になってしまうことでもありません。

自分のメンタルを上手にコントロールし、自分的に気分よく日々の生活を送れるようにする。それが「他人と賢く距離を置く」ということなのですよ。

ここまでのところで、もしかすると皆さんは、「そんなこと急に言われても無理だよ」と思うかもしれません。

でも、特別なことではぜんぜんありません。どんな人でも、「考え方」を少し変えるだけで、後天的に身につけることができる「裏ワザ」なのですよ。

他人とうまく距離を置くことができない人は、相手のことをあれこれ気にしすぎて頭がいっぱいいっぱいになり、余裕をなくしてしまいます。その結果、生活でも不安にさいなまれるし、人間関係に気疲れする。しかも仕事もうまくいかなくなってしまいます。

だから、日々の生活や仕事の中で、ちょっとずつ自分の考え方や行動を変えていったほうが人生、断然トクですよ。

次の章からは、僕が普段から実践している「他人と賢く距離を置く」ための具体的な方法を紹介していくことにしましょう。

第1章

他人に振り回されない

職場の人に振り回されないために

▼正面突破はしない

「はあ、仕事に行きたくない。転職しようかな……」

仕事をしていて、こういうことをまったく考えたことがないという人は、おそらくいないでしょう。正直、自分の会社を持っている経営者でも、会社に行きたくなくなることは、きっとあると思います。

「今いる会社」にいたくない人はなぜ、こんなに多いのでしょうか？

「はじめに」でも触れましたが、転職サイトのアンケート結果を見てみると、退職理由の上位に来るのはかなりの確率で「職場の人間関係」です。

上司の指示の出し方にストレスがたまる、トラブルが起こったら全部自分に責任を押しつけられる、同僚はイヤな噂話《うわさ》ばかりしている、プライベートに口を出してくる、などなど。

僕の周りでも、「会社を辞めたい」という人がいますが、話を聞いてみると理由はやっぱり人間関係です。給料が少ない、残業が多いといったことも会社を辞めたくなる大きな理由ではありますが、「人間関係さえもうちょっとマシなら我慢できる」という人は多いですよね。

パワハラまがいの命令で部下を疲弊させるバカな上司、何を考えているのかわからない同僚、役職者でもないのにムダにマウンティングしてくる先輩……。仕事では、こういう他人をムダに攻撃する迷惑な人々と関わりながら仕事をせざるをえないケースが多々あります。

とはいえ、世の中のすべての人とうまくやっていけるわけではありません。人間、どうしても「性格」とか「相性」ってありますからね。

もし、若手社員があなたひとりしかいなくて忙しいという状況であれば、会社や部署としても辞められては困りますから、相性が少々合わなくても、そんなに問題にはなりません。

厄介なのは、体育会系的な風潮が強くて、おまけに同じ部署に若手が何人もいるような場合です。上の立場の人間が、ひとりスケープゴート（集団の中の代表者としていじめられる人）を仕立てて、その人に説教したり理不尽ないじめを行ったりすることで、組織を統率しようとすることがあります。

かつての身分制度もそうですけど、集団の中で、ひとりスケープゴートを作るというやり方は、昔から人心掌握のためのテクニックとして利用されてきました。自分のいる会社、部署にこういう文化があるのかどうか、早めに見極めましょう。

▼あえて「前」に出る

スケープゴートに仕立て上げられてしまった人は、かなり面倒くさい思いをすることになります。どうでもいいようなミスを指摘され、あれこれ言われる。ことあるごとに人格否定される。同じ部署のほかの人と比較され、劣等感を植えつけられる……。

こうした閉鎖的な組織の文化は、若手社員の力でどうにかできるものではありません。異動願を出す、転職するなどしてさっさと逃げるのが得策ですが、そうはいかないことも多いでしょう。

それなら、まずは自分を守ることが大切です。

スケープゴートにされそうになっている時、対策として一番いいのは「歯向かう」ことです。学校でも会社でも、被害者が反撃しないとその人はずっといじめの対象のままですが、反撃すると加害者は別の人間をいじめの対象にするようになるものです。

とはいえ、立場が上の人に説得力のあるロジックで言い返すなんてことはかなり難しい。下手に言い返したりすると、相手の怒りに油を注いで、さらに状況を悪くしかねませんしね。

そこでおすすめしたい安全な歯向かい方は、「前に出る」こと。物理的に前に出るんです。

とある僕の知り合いは、以前テレビ番組の制作会社に勤めていたのですが、そこはかなり頻繁に先輩が後輩を殴ったり蹴ったりするなんていうひどい職場でした。でも何回か話を聞くうちに、不思議なことに気がついたんですよ。

ほかの若手は何発も殴られているのに、僕の知り合いだけはどんな時でも1発しか殴られないらしいんですよ（それでも十分にひどいですけど）。そして、殴られる時、その知り合いは必ず物理的に「一歩前」に出ていたそうです。

人間って普通、相手に攻撃されると後ろに下がってしまいます。後ろに下がると、攻撃側はさらに殴る蹴るを加えてくる。だけど、攻撃された人が一歩前に出ると、攻撃側は思わずひるんでしまうというわけです。

人間には、自分の周囲数十センチメートルのパーソナルスペースを侵されると、つい後ろに退《しりぞ》いてしまう性質があります。こういう時って、身体が下がると同時に、精神的にも後ろに退いてしまうんですよ。

だから、上司や先輩に怒られたり、攻撃されたりしたら、言い返そうとするのではなく、謝りながら相手との距離を詰めていくのが最善です。単純ですけど、かなり即効性があります。

怒っている側が、「何だかこいつはヘンだ」「面倒くさいヤツだ」と無意識に感じるようになったら、あとはこっちのもの。面倒くさい相手にかまうのをやめて、脅《おび》えて萎縮する別の相手を責めるようになるでしょう。

▼「面倒くさいヤツ」になる

人間にかぎらずあらゆる生物は、予想外の反応をするものに出会うと生理的に恐怖感を覚える習性があります。だから、普通の人があまりしない行動を取ると、目をつけられにくくなるものなのですよ。

ほかには、目をそらさないのも効果的です。どんなに詰め寄られても、相手をじっと見つめ続ける。

動物同士の縄張り争いを見ているとわかりますが、先に目をそらしたほうが「格下」と見なされて、勝負が決まります。にらみつけなくても、じっと目を見るだけで、「面倒くさいヤツ」と思ってもらえますよ。

バカな人に出会った時はこんなふうに相手を人間ではなく、ただの動物として見なしましょう。「この動物に襲われないためにはどうすればいいか」と考えてみる。そうやって考え方を切り替えてみると、冷静に対処することができます。

ここまで紹介してきた方法は、あくまで自分さえ守れればいいという話ですから、職場の雰囲気が改善されるわけではありません。でも、自分のストレスレベルは最悪の状態に比べたらずいぶんマシになるでしょう。

まずは、自分の身を守ることを考える。そうしてストレスレベルを下げて、心に余裕を作る。心に余裕ができたら、自然と次の対応も考えられるようになりますよ。

POINT

- **あえて物理的に「前に出る」と、厄介な上司や同僚を撃退できる。**
- **周囲の人があまりしない行動を取ると、目をつけられにくくなる。**
- **「この動物に襲われないためにはどうすればいいか」を考える。**

他人をコントロールするコツ

▼自分がどんなメリットを得られるか把握する

上司に少しくらい嫌われたとしても、この国の会社は社員を簡単にはクビにできません。どうしても上司と反りが合わなくて強くストレスを感じるのであれば、評価が上がらないことを受け入れてまで、上司に無理にあわせてつき合い続ける必要はない、と僕は思います。

ただ、上司との相性がそれほど悪くない、少なくとも強いストレスを感じていないのであれば、気に入られたほうがトクなのは間違いありません。基本的に、上司は自分の言うことを何でも聞いて、きちんとこなす部下を高く評価するので、社内での出世もしやすくなります。

ここで重要なのは、上司の言う通りにすることで、自分がどんなメリットを得られるのかをちゃんと把握しておくということ。ただやみくもに言うことを聞く、ということではないのですよ。

上司に要求されるがまま、サービス残業をしたり休日出勤を繰り返したりしたとして、それが給料や待遇の向上につながっているのかどうか。もしも、給料も上がらないし、やりたい仕事も任せてもらえないというのであれば、あなたは会社からすれば使い放題の「おいしい社員」なので、会社側のメリットしかありません。会社にとってはあなたの人のよさをどんどん利用してきますから、そういう場合はうまく断るべきです。上手に断る方法については、63ページでお話しします。

また、先輩や同僚からふられた雑用を「何でもやります！」と張り切ってこなせばいいというものでもありません。

何か仕事を頼まれた時は、

✓誰が発注者なのか
✓その仕事をこなしたらどういう評価を得られるのか

この2点を冷静に見極めるようにしてください。

たいていの場合、先輩や同僚は評価者ではありませんから、そういう人から言いつけられた雑用はきっぱり断るのが吉です。その先輩があとで出世して、自分の上司になったりすると、ちょっと面倒ではありますけどね。

▼「自分の頭で考える」にこだわらない

もう1つ、心がけておくべきことは、上司や先輩を賢く使うということ。

たとえば、何かの仕事を初めて手がけることになったとしましょう。そんな時に上司や先輩があれこれ口を挟んできたら、面倒くさいと感じるでしょうが、まずは彼らの言うことをおとなしく聞いたほうがトクなことが多いと僕は思うわけです。

仕事をうまくこなすためには、「情報」が不可欠です。いくら頭がいい人であっても、不十分な情報を元に正しい判断を下すことはできません。

「自分の頭で考える」ことが求められる社会ですが、あまりにもそのことにこだわりすぎると、逆に効率が悪くなってしまいます。

何かわからないことがあった時、ググったらあっという間に解決できることはよくありますよね。周囲の人たちも、「検索」には使えます。

上司や先輩などその業界に長くいる人は、かなり高い確率であなたよりもたくさんの情報を持っています。「この人は何だかヘンなことを言っている」「そんなわけはない」と思っても、自分の手元にある情報が少ない段階では、それが合っているかどうかを正確に判断することはできません。だから、まずは、上司や先輩の言う通りにしたがってみるのをおすすめします。

新人のうちは言われた通りにして失敗しても、とがめられることはありませんし、僕の経験上、そのほうが結果的に効率的だったことが多かったですね。それにとりあえずおとなしく言うことを聞いておいたほうが上司や先輩ウケがよく、会社での居心地は確実によくなるでしょう。

就職したばかりの二十代からすれば、上の言う通りに仕事をしている人はバカみたいに見えてついつい反発したくなるかもしれませんが、ネットや本の情報を活用するのと同じように「上司や先輩をうまく使う」と考えるようにしましょう。

ある程度、仕事の全体像が見えるようになってから、自分なりに考えていろいろ工夫をしてみればいい、と僕は思うわけです。

経験を積むことで、「なるほど、あの人の言っていたことはこういうことだったのか」とわかることもあります。もちろん、逆に「やっぱり、アイツはバカだったんだな」とわかることもあるでしょう。もし後者だったら、その人を心の中で見下せばいい。

どちらの場合にしても、とりあえず言う通りにやってみないことには、相手が正しかったのか間違っていたのかはわかりません。「間違っていたとわかる」ことも重要な情報であり、他人の知識を利用することであなたはその試行錯誤を短縮することができる。どっちにしてもあなたはトクをしたというわけなのですよ。

仕事が終わったあとの飲み会でも、うまく上司を使えばいいでしょう。これは会社の文化にもよりますけど、上司の奢《おご》りなら、飲みに行ってもいいんじゃないかなと僕は思います。

上司に誘われてちょっと面倒だなと思っても、「奢りですか？」とか明るく答えて、ひたすら高いモノを飲み食いしていればいいんです。

上司としては部下を誘っておきながら奢らないということもできませんしね。飲み代もけっこう馬鹿になりませんから、さすがに説教するだけのために部下を誘うのは上司のほうとしても面倒くさくなってくるはずです。もちろん、上司と飲んで意気投合できるのであれば、それがベストですけどね。

POINT

- 「発注者」と「その仕事をすることで得られるメリット」を明確にする。
- 正しい意思決定には情報が不可欠なので、まずは指示通りにやってみる。
- 周囲の人が持つ知識を活用することで、時間を短縮することができる。

ずるい人間になる

▼スキルだけで差は生まれない

最近、会社員をしている若い人と話していて感じるのですが、「周囲から浮きたくない」「目立ちたくない」という人がすごく多いです。出る杭《くい》は打たれ、同調圧力の強い日本の会社に勤めていると、そう感じるようになるのも無理はないですがね。

でも、社内で目立たないようにしていれば安心して働けるのかというと、それはちょっと違うような気がするのですよ。

目立ちたくないという人も、上司や同僚から避けられたくはないわけですよね。人気者というほどではなくとも、そこそこ人から好かれたい、とは思っているのではないでしょうか。

人に好かれるということは、ほかの人たちと自分との間に何かしらのポジティブな「差」が存在するということです。もし、他人とまったく差がないのなら、その人は周りから必要とされていない、ということでもありますから。

もちろん、その「差」がネガティブなもので、人から嫌われてしまうのはいいことではありません。しかし、ポジティブな差はむしろあったほうが確実に気持ちよく働くことができます。

ただし、スキルで自分と周囲の人たちとの間にポジティブな差を作ることは簡単ではありません。ものすごく頭が切れて難しい案件をいくつも取ってくる、みたいな、超優秀な人であれば、たしかにポジティブな差を持っているといえますけど、そんなことはすぐに実現できないですからね。

▼「キャラ作り」のすすめ

とはいえ、「エクセルの操作がちょっと得意」といったくらいのことでは、そもそも周りから「差」としてなかなか認識してもらえません。簡単に手に入るようなスキルは、ほかの人もすぐに真似《まね》できますから。仕事で周囲に認められるスキルを身につけるには時間と根気が必要なのです。では、あまり手をかけず、周囲から一目置かれる人になるにはどうすればいいのでしょうか。

そこで、僕が皆さんにおすすめしたいのが、「キャラ作り」です。

キャラ作りとはいっても、「不思議ちゃん」だとか、「お笑い芸人」のようなキャラを無理矢理演じろというのではありません。そうではなくて、周囲の状況に応じて、空いているポジションを取りにいくということです。

たとえば、兄や姉のいる人は、家の中では無意識のうちに「弟キャラ」「妹キャラ」を演じていますよね。小学校から中学校に上がったら、新入生の「後輩キャラ」を演じるし、3年生になったら「先輩キャラ」を演じる。クラスの中で「優等生キャラ」を演じるかもしれないし、「おっちょこちょいのムードメーカーキャラ」を演じる人もいるでしょう。クラスの優等生キャラが、家ではおっちょこちょいキャラということもよくありますよね。

これ、会社でも同じです。つまり、自分にとって自然に演じることができて、ほかの人とあまり被《かぶ》らないキャラのポジションを取れれば、かなり居心地がよくなります。できれば、「ダメなヤツだけど、憎めない」くらいのポジションがおすすめです。「優等生キャラ」や「とても優しいキャラ」だと、何か頼まれた時に断りにくくなってしまいます。頼まれごとを断った途端にキャラとのギャップが生まれてしまいますから、どうにかキャラを維持するために、イヤなことでも延々とやり続けるハメになるでしょう。

「お前、ダメなヤツだなあ」と周りから言われて、「えへへ〜」と返せるくらいが人生をイージーモードにするコツなのですよ。

▼有給休暇をうまく取得する方法

有給休暇は、労働者の権利であって、会社からのごほうびではありません。とはいっても、日本の会社だと有給休暇を取りにくいのもたしかです。忙しい時期に有給休暇を取って、同じ部署の人からイヤな顔をされた人は、本書をお読みの方の中にもけっこういるんじゃないでしょうか。

波風立てずに有給休暇を取りたい場合は、普段から戦略的にキャラ作りをしておくのが得策ですよ。

「このあたりでまとめて休みたいな」という時期を数カ月前から決めておいて、ずっと「有休取ります！」と言い続けましょう。1回有休を取ったらおしまいではなくて、3カ月とかそれくらいの間隔で有休取得を繰り返すのがポイントです。

自分の仕事さえそつなくこなしていれば、「3カ月ごとに必ずバカンスを取るキャラ」として認識され、周りからイヤな顔をされることも少なくなるでしょう。

無言の圧力にしたがって我慢して有休も取らない「そつのないキャラ」より、仕事はきちんとするけどたっぷり有休も取る、「多少そつのあるキャラ」を作っておいたほうが生きやすいし、むしろかえって評価されることも多いと僕は思います。

確実に有休を取れるというのであれば、自分的にも普段の仕事を頑張ろうという気にもなるでしょうしね。

▼「むちゃぶり」への対処法

キャラ作りしたり、あれこれ普段から工夫したりしていても、上司や周囲の人たちからの「むちゃぶり」を100％かわすことはできません。バカな上司や同僚はどこにでも絶対にいますから。

その案件を引き受けたら自分の身が持たないと思ったら、うまく断ること。それが自分の身を守るためには超重要です。しかし、断る時には注意が必要ですね。

「急ぎの別の仕事があって、今すぐ着手することは難しいです」というように、「いい人」って、ついつい「断る理由」を述べてしまいます。きちんと断るためには、理由を言わないほうがいいですよ。

理由を伝えたら、上司は「じゃあ、こうしたらどうだろう」と提案してくるでしょう。それに対してさらに別の理由を言うと、また相手はそれに合わせた別の提案をしてくる。そして最終的に、あなたは上司からやる気がないと判断され、しかも仕事はイヤイヤやらざるをえないという、最悪の結果になることもよくあります。

スムーズに断りたいのなら、余計なことは言わず、「無理です」とだけ言ったほうがいい。相手が提案してきても、「無理です」と言い続けましょう。

こちらから、できない理由を言い続けるかぎり、相手からはその理由をクリアすることのできる別の条件が提示され続けるわけですからね。

「無理です」と言って怒られたのなら、「無理なものは無理です！」と大きな声で言い返しましょう。議論が始まらないように仕向ければ、相手はそれ以上の提案をしにくくなります。

部下が断るせいで、仕事を肩代わりしなければならない上司はたまったものではありませんが、その心配をあなたがすることはないでしょう。あなたの上司だって、どうしても無理ならその上の上司に「無理です」と言えばいいわけですし。

こんなふうに、社員の多くが「無理なものは無理」と断るようにすれば、経営者も何とか仕事のやり方を工夫するようになるんじゃないですかね。

POINT

- **「ダメだけど憎めないキャラ」のポジションを取りにいく。**
- **戦略的にキャラ作りをすれば、「会社を休んでも何も言われない人」になれる。**
- **上司にむちゃぶりされた時は「断る理由」を説明してはいけない。**

日本企業の同調圧力

▼会社には期待しない

正社員として頑張って働き続けてたら、ちょっとずつでも給料が上がるんじゃないか、役職がついたりすれば、待遇も今よりはマシになるんじゃないか。
皆さん自身も、日々、会社の愚痴は言いつつも、そんなことを期待してはいないでしょうか。

日本の職場には昔から「同じ釜の飯」幻想があります。苦楽を共にしてきた仲間たちがいる「自分たちの会社」には、忠誠を誓って尽くさなければいけない。こんなに尽くしてきた会社が、自分を悪いようにするはずがない。こういう幻想は、今でも色濃く残っています。

日本の有名自動車メーカーや製鋼メーカーでは、ここ数年で検査不正が次々と明らかになっていますけれど、その背景にもこの「同じ釜の飯」幻想がある、と僕は思うわけです。

日本のビジネスパーソンは会社の愚痴を言い、仕事がイヤだとか言いつつ、自分の会社は「いいこと」をしていると思い込もうとしています。「うちの」会社で作った製品は、世の中のために役立っている。世の人を幸福にしている。「うちの」会社が稼ぐことで、日本経済に貢献している。そういう会社で働いている自分の仕事も、社会にとって必要なものなんだ……。

ぶっちゃけ、こういう考え方はムダだと思います。会社ってきれいごとでは成立しないですから。

競合他社よりも性能がいい商品を出すとか、同じようなサービスでもちょっと早く出すとか、安売りをしてシェアを取ろうとするとか。なんだかんだいって、民間企業は競争をするしかないし、そこには必然的に勝者と敗者が生まれます。

企業同士の競争もそうですし、企業とお客さんの関係も同じです。

原価がそんなに高くない製品に、上乗せした価格をつけて、お客さんに売りつけて利潤を上げる。これが企業活動の本質です。もちろん、お客さんが文句をつけるような商品やサービスばかり提供していては、もっといい商品やサービスを出す競合企業が出てきた時にあっという間に負けてしまいますけどね。

「この企業はいいことをしている」「この企業はイケてる」というブランドイメージにしても、その幻想によって原価の安い商品を高く売りつけることができるわけですから、ある意味では消費者をだましているとも言えます。

そうやって利潤を上げることに罪悪感を抱くような「いい人」ばかりだったら、きっと会社は潰れてしまうでしょうね。

▼日本企業の給料が安い本当の理由

お客さんがお金を出して買いたいと思うような商品やサービスを作り、企業が競い合うことで、経済は拡大するわけですから、それ自体は悪いことではありません。

だけど、日本の場合は、この競争原理がうまく働いていないことが問題です。

たとえば、日本には何社も大きな自動車メーカーがあって、すごい競争をしていますよね。自動車メーカーの生産量は社員数と正比例しているわけではなく、生産ラインをちょっと増やせば簡単に生産量も増やすことができます。でも、そうやって自動車をたくさん生産しても買ってくれる人がいなければ価格を下げるしかない。

コンビニもそう。人通りの多い、立地条件のいい場所には複数のコンビニが隣り合うようにして出店し、売上を増やそうとします。だけど同じ場所にたくさんのコンビニが出店したところで、1店あたりの売上が減っていくだけじゃないですかね。

こういう例はまだまだあって、ビール会社もそうです。日本国内のビール類の売上なんて、ここ10年以上ほとんど変わっていないというか、むしろちょっとずつ下がってるんですけど、どのビール会社も必死で新商品を開発して、莫大《ばくだい》な広告費をかけてテレビCMを打って、営業部門は汗水垂らして営業活動している。みんながそこまでして頑張っているのに、売上のほうはまったく増えていない、というのは皮肉な話だと僕は思うわけです。

要するに、日本では国内市場だけをターゲットにした企業が過剰な競争を繰り広げて、お互いの利益を削り合っているわけです。利益が増えないのですから、社員の給料や待遇がよくなるはずはありませんね。

クリエイターやアーティストがたくさんいて、彼らの作ったモノやサービスでこれまでになかった市場が生まれたり、海外にそういうモノ、サービスを売ったりして外貨を稼ぐというのであれば、ぜんぜん問題ないんですよ。だけど、多くの日本企業は海外で商売をして外貨を儲けようという気があまりないですからね。もっと技術開発だとか、研究だとかに対する投資を増やして、新しいことを思いつく人を増やしたほうがいいと思うんですけど。

すごく失礼な言い方になってしまうんですけど、日本企業は人をかき集めて、誰でもできるような仕事をさせてほんのちょっとの利益しか出していない。だから、皆さんの給料が一向に増えないという悪循環になっているのですよ。

▼会社がなくなっても別に困らない

「文句ばっかり言っていないで、企業のやり方を変えていくべきだ！」と皆さんは思うでしょうか？

でも残念ながら、この本を読んでいる人たちのほとんどは、たぶん経営者ではないでしょう。会社（株式会社）というのは株主のものであり、株主が選んだ経営者が経営を任されています。社員には経営方針に口を出す権利はないし、自分ひとりがどう頑張っても会社の方針は変えられません。

かつてのように、高度経済成長期で給料もどんどん上がっていた頃だったら、バカな上司にイヤなことを言われようが、仕事がキツかろうが、みんな機嫌が悪くなることはあまりなかったでしょう。でも今の日本では、大多数の人が利益の出ない商売をやり、かつ給料も上がらないんだから、ギスギスしてくるのは自然な話です。今、三十代、四十代の人は、上の世代がおいしい思いをしているのを見ている分、会社に期待をしてストレスを感じているんじゃないでしょうか。

僕が見るに、最近の二十代の人たちはそういう「ヘンな期待」を持ってません。ベースアップで給料が上がるという経験をしたこともないし、バイトでも時給が上がらない。だから、会社に対してもある種、あきらめていて、そんなにストレスを感じていないように思うんです。

だいたい世の中に、なくなったら困る会社や仕事なんてものはないんじゃないでしょうか。なのに、会社をなくすと困ると思い込んで、結局みんなが苦しくなっていく。これって、「日本あるある」だと僕は思います。

たとえば、東日本大震災のあと、東京電力は原発事故の処理や損害賠償など、膨大な債務を抱えて、事実上経営破綻していました。にもかかわらず政府からの資金――つまりは僕らの税金ですけど――によって救済されました。

東芝もそう。巨額の粉飾決算が明らかになってものすごい債務超過になったけど、上場を維持することにこだわって結局稼ぎ頭の半導体事業まで売却して延命しました。

ちょっと乱暴な言い方ですけど、債務超過になってしまった会社なんて、さっさと清算してしまったほうがいいですよ。その会社は上手に経営して利益を上げることができていないということなんですしね。

政府などが無理矢理企業を救済しようとしたら、経営者は「事故を起こしても責任を取らなくていいんだ」「粉飾決算しても会社は潰れないんだ」と安心して、モラルハザードが起こってしまいます。

そういう会社って、経営を立て直して、きちんと利益を出すようになるのは難しいんですよね。

日本には「和を以《もっ》て貴《とうと》しとなす」の気運があって、会社を潰すことに抵抗感を抱く人が、経営者ではない一般の人にも多い傾向があります。

べつに東京電力が倒産したところで、電気が使えなくなるわけじゃありません。別の会社が東京電力の資産を買い取って、これまでの社員を使って同じようなビジネスを始めるだけなんですけど、会社が倒産するとこの世の終わりだと感じてしまう人が多いと思います。

僕としては、経営がうまくいかなくなった会社はさっさと市場から退場してもらい、もっとうまくやる会社が参入したほうが社会全体の働き口も増えるし、給料も上がると思うんですけどね。

実際、倒産寸前になった電機メーカーのシャープも、台湾の鴻海《ホンハイ》に買収されてから、業績はV字回復しました。僕から見ると、日本には一度倒産させて経営陣を全部入れ替えれば復活しそうな企業がいっぱいあるんですけど、企業同士の株の持ち合いが多くて、なかなかそういうことに踏み切れないのが残念なところです。

本書をお読みの皆さんにお伝えしたいのは、「会社なんていうのは、所詮《しょせん》この程度の存在」ということです。だから、自分の人生の中で、会社をそこまで重要視しなくていいんじゃね？　と、試しに思ってみることが、精神的にラクになる第一歩じゃないかと思うわけです。

客観的に見て、株主にしても経営者にしても、24時間会社のために身を粉《こ》にして働いていたりはしません。仮に、皆さんがものすごく頑張って働いて会社の利益が増えたところで、その利益はあなたのものになるわけでもないですしね。

POINT

- **日本のビジネスパーソンには、自分たちの会社は「いいこと」をしていると信じたい、「同じ釜の飯」幻想がある。**
- **日本企業はあまり外貨を稼ごうとしていない。**
- **「会社がなくなると困る」という思い込みをやめたほうがいい。**

転職する前に考えること

▼自分にも期待しない

会社に期待する人は、高い確率で他者に期待する人でもあります。そういう人は、期待通りの見返りが得られないと腹を立て、ストレスをためることになります。なので、期待なんて最初からしないで、「まあそういうもんだ」くらいの気持ちでいたほうがいいです。

期待値を下げておくのは、他者に対してだけではありません。自分に対しても、同じようにすることをおすすめします。

もちろん、十代、二十代の若い人なら、「理想の自分像」を持ち、それを追求することはいいことだと思います。

一生懸命勉強して、いい大学に行って、こんな仕事をしてみたいという、高い目標を持って物事に熱中することで、結果として理想の仕事につける人もいますから。

ただし、思い描いた理想があまりにも高すぎて、現実の自分とのギャップが広がっていってしまうと、人生が思い通りに行かなくなった時、大きなストレスを感じるようになります。

会社や、家族、友人を含めた他人だけでなく、自分についても他者として見なし、「人生そういうもんだ」という気持ちを持てるようになると、生きるのがかなりラクになりますよ。

▼許容できる範囲を決める

自分に期待しすぎないためには、主観的な自分像と、他者からの客観的な評価とを、時々擦り合わせしてみましょう。

ぶっちゃけ、ビジネスパーソンが一番気になる客観的な評価といえば、何といっても会社の人事評価でしょう。

ある程度以上の従業員がいる会社には、人事評価のランクづけシステムがあります。直接の上司による点数、さらにその上の上司からの点数、年次でどれくらい業績を上げたかなど、評価にはさまざまな要素がありますが、どんな会社でもちょっと調べればランクづけの仕組みはすぐにわかるはずです。

Aランクを取るにはだいたいこれくらいの業績と上司からの評価が必要。Bランクならこれくらい。そして、最高ランクと最低ランクでどのくらい給料に差が出るのかもわかります。

たとえば、1年目の給料が手取り22〜23万円で、だいたい年収300万円だとしましょう。そして、最高ランクを取って5年後に年収350万円、最低ランクだと今のまま300万円ということがわかったとします。

ランクを上げるにはかなりハードに働いたり、上司に好かれたり、いろんなことをする必要があって、そこまでの労力は費やしたくない。もし「年収で50万円」の差を許容できるなら、最低ランクでいることを選んでも、僕はぜんぜんかまわないと思います。それに、もし人事評価における上司の比重が少ないのだったら、べつに無理に好かれようとしなくてもいいでしょう。

日本では会社で働いてると、ありがたいことに、会社が社員の給料を下げるのはすごく難しいんです。所属部門の業績が下がっていて、配置転換もできない、賃下げするしか方法がないことが明確になっているなど、会社が社員の給料を下げるために越えなければならないハードルがいくつも設けられています。

「最低ランクでいいや」と割り切れば、日本のサラリーパーソンは気楽に過ごせます。何年か経《た》てば、上司が変わることもありますしね。

もし、会社から最低ランクの評価だったとしても、それによって起こることが自分の許容範囲内だったらそういう抜け道もあるんじゃないですかね。

▼転職サービスを「鏡」にする

会社の人間関係や待遇をどうしても受け入れられないというのであれば、早めに転職するのが精神衛生上、一番いい方法だと僕は思います。

今の会社の業績は悪いけど、ほかの会社ではとても働けない、どうしよう……。そういうループを繰り返していると、不安で動けなくなってしまいますから、早めに具体的な行動を取ったほうがいいですよ。

といっても、いきなり会社を辞めてしまうのはリスクが高い。ベタではありますが、まずは転職サイトや転職エージェントなどのサービスに登録してみることです。

転職サービスを利用するメリットは、客観的にあなたの「時価」を査定してもらえるところです。つまり、「鏡」として使うわけです。

こういう業種でこういうスキルを持っているのなら、給料はいくらになるのかが客観的にわかる。自分の時価がわかれば、今の会社で愚痴を言いながら働いたほうがいいか、転職したほうがいいかも客観的に判断できます。求められている資格やスキルを身につけた上で、転職するのもいいでしょう。

転職サービスで転職先を紹介されたからといって、そこに絶対就職しないとNGというわけではありませんから、まずは登録して情報を集めてみる。結果として転職するにせよしないにせよ、働く上での不安は間違いなく減るはずです。

▼「履歴書の空白が怖い」問題の解決法

転職すると決めた場合、今いる会社を辞めたあと、せっかく失業保険の給付金がもらえるのに、その権利を使わない人は多いみたいです。1つの理由としては、貯金がなくて不安ということもあるんでしょうけど、人によっては「履歴書の空白が怖い」問題もありそうです。

転職活動をすれば、あちこちの会社の面接を受けることになりますが、会社の採用担当者は必ず職歴の欄もチェックします。「××株式会社勤務」と書いてあるあとに、1年や2年のスペースがぽこんと空いていたり、「家事手伝い」と一言だけ書いてあったりする。

「この期間、何をされていたんですか?」と採用担当者からツッコミを入れられて、当事者としてはニートをやっていたと思われたら採用されないんじゃないか、と思うわけです。

職歴を埋める一番いい方法は、「会社を作る」ことです。起業なんて大層なことは自分には無理だと感じるかもしれませんが、実は会社を作るだけなら誰でもできますし、大したお金もかからないんですよ。

働いていないなら自分の時間がたくさんあるでしょうから、法務局に行ってどういう手続きが必要か教えてもらいましょう。設立の手続きを無料で行えるネットサービスもありますし、合同会社という形態にするのであれば6万円くらいあればとりあえず会社を作れてしまいます。

資本金が少なすぎると銀行から信用されなくてお金を融資してもらえなかったりしますが、べつに職歴を埋めるためだけの会社なんですから、そんなに真剣に悩まなくても大丈夫です。会社を持っていると法人税がかかりますが、仕事さえ決まったら会社を畳んでしまえばOKです。

皆さんは、「そんないい加減なことでいいのか」と思われるかもしれませんが、会社を立ち上げて事業をやっていたという経歴はけっこう効果的です。会社設立という少々面倒くさい手続きを、きちんとやりとげられる人材だということの証明になるわけですからね。

事業内容も、それっぽいことを適当に並べておけばいいでしょう。アフィリエイトで云々《うんぬん》とか、中古品の取引が云々とか、実際にそういう事業を行っている会社はいくらでもあります。

法人を作るのがどうしてもハードルが高いのであれば、個人事業主でも十分です。たとえば、実家が個人事業主として何か家業を営んでいることにして、それを手伝っていたことにすればいい。小さな商店が個人事業主だというのは普通にあることですし、法人として登記していないのであれば調べようもありません。

家族には、前もって「××という会社から連絡が来るかもしれないから、口裏を合わせておいて」などと伝えておきましょう。

100%ウソの話を作るのは難しいでしょうが、話を盛って説得力を持たせるくらいのことは許容範囲、というより、むしろ積極的にやったほうがいい。

売り込むべき商品は、どこかのメーカーが作っているものだけではありません。言ってしまえば、「自分」も商品の一種です。なので、少々話を盛ってでも、しっかり売り込んでいきましょう。転職で上手に自分を売り込めれば、普段の仕事のストレスも少なくなるはずです。

POINT

- **他人と自分、どちらへも期待しない。**
- **「自分が得たい評価」とそれに見合う「リターン」のバランスで、自分がどう働くかは決める。**
- **転職サービスを活用すれば自分の「時価」を把握でき、冷静に判断できる。**

第2章

今いる場所にこだわらない

賢いスキルアップの方法

▼身につけるスキルはコスパで決める

今の会社にいて給料を上げるにしても、転職するにしても、「何かスキルアップしないとまずい」という危機感を持っている人は少なくないでしょう。

もちろん、スキルはないよりあったほうがいいのは間違いないですよ。

「知り合いが多いのと少ないのとどっちがいい？」「外国語が話せるのと話せないのとどっちがいい？」と聞かれたら、友達が多いに越したことはないだろうし、外国語も話せたほうが便利でしょう。

だけど、こういう質問をする場合、みんなあまりスキルアップにかかる「コスト」について考えていないですよね。

コストに見合うことがわかっている、あるいは好きだからという理由で、スキルアップに励むのはかまわないと思います。プログラミングが楽しいから毎日プログラミングをしているとか、数カ月勉強して何かの資格を取ったら給料が5000円上がるというのなら、その努力はいつか報われるはずです。

でも、もしそうでない場合は、スキルアップについてもうちょっと深く考えてみることをおすすめします。

「これからは英語だ」「これからはプログラミングだ」と、メディアや広告が騒いでいても、それをそのまま真に受けてはいけません。プログラミング経験のない人は、プログラミングに興味を持たずにこれまでやってきたわけですよね。英語にしても、今までの人生でちょっとでも興味を持つことがあったとしたら、もうすでにその時、何らかの行動を取っていたと思うんですよね。ということは、自分にとって必須で身につけるべきものではない可能性が高いということではないでしょうか。

過去に経験がなく、まったくゼロの状態からスキルを身につけるのは非常に難しい。少なくとも仕事で差をつけられるほどのスキルアップができるかどうかは疑問です。それに、何らかのスキルがあればすごく仕事ができるようになるかといえば、そういうわけでもありません。たいていの人間の能力に大きな差はないわけですから。

体格にしても運動能力にしても知能にしても、結果を集計すると正規分布になります。鐘の形に似ていることからベルカーブと言われれますが、平均値付近に結果が集中し、左右均等になだらかなカーブを描いて低くなっていく。

身長もそうですね。男性なら170センチメートルくらいが平均で、100センチメートルや200センチメートルの人はあまりいません。

大谷翔平のようなトップアスリートや、アインシュタインのような天才もたまにいますけど、そういう人はベルカーブの端に来るんですよ。

▼「自分に合っているかどうか」が最重要

仮に、何らかの能力についてすごくいい結果が出たとしても、それだけで人生が大きく変わるわけではありません。

男子100メートル走の世界記録はウサイン・ボルトが出した9・58秒で、これだけ速ければオリンピックで金メダルを取ったり、スターになったりして人生に大きな影響があるでしょう。けれども、ゼロコンマ数秒遅ければ、ぜんぜん話題になりません。

まして、アスリートでもない人にとって100メートルを何秒で走れるかといったことは、人生においてどうでもいいことです。急いでどこかに行かなければいけないなら、電車に乗るなり自動車に乗るなりすればいい話ですから。

仕事もそうです。現代は知識基盤社会だと言われていますが、情報処理のスピードはそれほど重要ではありません。頭の回転が速い人はある問題を10秒で解けるのに対して、回転が遅い人は10分くらいかかるかもしれませんが、その違いが仕事において大きな問題になるケースはそんなにないでしょう。一昔前なら、算盤《そろばん》や暗算で速く計算できる人は重宝されましたが、今ならPCの表計算ソフトが人間の代わりに計算してくれます。

今は、個々人の「能力の差」はそんなに重要な問題ではなくなってきていると僕は思うわけです。

それよりも、職場の人とうまくやっていけるかどうかのほうが、よほど重要です。同じだけの能力やスキルがあったとしても、相性のいい職場なら「こいつはできる」といいほうに誤解されるでしょうし、相性の悪い職場だと「使えないヤツ」というレッテルを貼られてしまう。

つまり、「いい職場」と「悪い職場」があるのではなくて、結局は「自分に合っているかどうか」なのですよ。ノリがいい人も、体育会系文化の職場だと好かれるでしょうが、文化系の職場だと面倒くさいヤツと思われるかもしれませんしね。

あのGoogleにしても、人材採用の決め手は相性だそうです。将来その候補者の部下になるメンバーや、本人の所属部署と直接関わりのない他部署の人たちを面接の場に呼んで、就職希望者と話をさせる。みんなが「こいつとは、うまくやっていけそう」と感じる人だけを採用しているようです。

スキルアップに励むのもいいですが、まずは、職場と自分の相性をよくする。もしくは相性のいい職場を探すのを先にしたほうが有効でしょう。

▼自分に合った場所は必ずある

他人と差別化できるようなスキルを身につけるのは大変ですし、苦労して身につけても、スキルだけで食べていける人はほんの一握りです。

だけど、「どうでもいいようなスキル」が、周囲の環境によってはとても重宝されることだってあります。

たとえば、僕の友達の弟でずっと引きこもってゲームばかりしていたヤツがいます。

こいつは派遣社員としてゲーム会社のカスタマーサポートセンターで働くようになったのですが、ゲーム開発者たちと話をするうちに引き抜かれて、いつの間にかゲーム開発に携わるようになりました。

彼はただゲームをプレイしていただけで、プログラミングができるわけでも、デザインができるわけでもないんですが、とにかく「武器のネーミングセンス」がずばぬけている。

RPGなどをプレイしたことのある人ならわかると思いますが、モンスターと武器の属性ってありますよね。炎属性の武器を使うと、氷属性のモンスターに大ダメージを与えられるとか、そういう設定です。

この元引きこもり君がゲームの開発者から話を聞いて、「○○の剣」と名前をつける。その武器を見つけたゲーマーはいちいちマニュアルを読まなくても、「お、これは雷系属性で、2回攻撃できる、そこそこ強い武器だな」とピンと来るわけです。

「武器のネーミングが得意」などと履歴書に書く人はいないでしょうし、それが自分の長所だと認識している人もきっといないはずです。でも、環境が合えばそういうスキルが重宝されることもある。

彼の場合は、職場がゲーム会社だったのでそういうスキルを見出《みいだ》してもらえましたが、意外とそんなふうにして見過ごされているスキル、才能は世の中に多いのかもしれませんね。

今いる職場でまったく認められていない、力を発揮できていないと感じている人は、別の場所では役立つ人材として扱われることもありえます。そう考えれば、若いうちにガンガン転職して、自分の適性をたしかめるのは大いにありだと思います。

POINT

- **「スキル」よりも「周囲とうまくやる」ことのほうが重要である。**
- **働きやすさは自分に合っているかどうかによって決まる。**
- **一見どうでもいいようなスキルは、周囲から一目置かれる「武器」になる可能性がある。**

営業スキルの価値

▼人にモノを売る仕事はなくならない

ＡＩや機械学習の技術が進歩したことで、これまで人間が行っていた仕事は、すごいスピードで自動化が進んでいます。とくにホワイトカラーのデスクワークは、ＡＩに置き換えられる確率が高い。

先述したＲＰＡ（Robotic Process Automation）という仕組みを導入する企業も増えてきました。請求書を発行する、領収書を精算するといった定型的な業務はもう自動化できるようになっているんですね。

少し前の話ですが、銀行や保険といった金融業界でも、リストラが本格化しました。かつて、安定した職場として就職したい企業ランキングで上位だったメガバンクも、数千～数万人規模の人員削減を計画し、保険会社、たとえば富国生命保険も給付金を査定する部署の人員を3割削減しました。富国生命はIBMのWatson Explorerを導入して査定業務を効率化したそうです。最近では、海外の大手IT企業でも大規模なリストラが進行していて、2023年にイーロン・マスク氏が敢行したTwitter（現X）社の大量解雇のニュースは、日本でも話題になりましたよね。

残る仕事、消える仕事ランキングみたいな記事もよく見かけます。こういう記事では、人間に残るのはクリエイティビティだとか、人間を相手にした仕事は人間にしかできないと書かれていたりします。

そんな中で、僕がこれからも残ると考えている人間の仕事は、「営業」です。コンピューターを使って数字をいじくる、デスクワーク系の仕事は全部なくなりますが、人間相手にモノを売る仕事は、なくならないんじゃないでしょうか。

「営業」と聞くと、そのワードからにじみ出る体育会系感だけで、苦手意識がわいてくる人もいるかもしれません。「ノルマ」「飛び込み」「接待」などなど。

内向的な人にとって営業はネガティブなイメージがつきまとうでしょう。知らない会社に出向き、名刺交換して、頭を下げて商品を売り込む。あるいは、ある地域の家のインターホンを片っ端から押して、飛び込みで営業をする。勧誘電話をかけまくる。こういうのって営業部門で働いたことのない人にとっては、かなりハードルが高く感じられるでしょう。

でもそれは営業を狭く考えすぎています。人間相手に何かを売る行為は、すべて「営業」です。だいたい、飛び込み営業や勧誘電話を受けて、実際にモノを買ったことがある人なんてもういないいんじゃないですかね。

たとえば、ブログに記事を掲載して、そこにアフィリエイト広告を貼るのも営業です。B to Cや個人を対象にした記事という商品を用意し、広告によって収益化を図っているんですから。

営業部門のサラリーパーソンは自社製品を売るのが仕事ですが、方法は問屋や小売店を回って頭を下げるだけではありません。Amazon のレビューやブログ記事を書きまくって、製品をアピールするのも立派な営業行為。どういうやり方であれ、結果として売上が上がれば営業の成果があったということになるわけです。

「人に愛想よく挨拶するなんて自分にはできない」と思っているのであれば、人に会わずに営業して売上を増やす方法を考えましょう。

▼営業スキルの高め方

では、営業スキルを高めるためには、どうすればいいのでしょうか。

売り手の立場から「どうやって売るか」を考え抜くというのは1つのやり方ですが、僕は買い手の立場から考えたほうがラクだと思います。

たとえば、あなたがコンビニでお茶を買うとしましょう。商品を選んで手に取りレジに持っていくわけですが、この時「なぜその商品を手に取ったか」を意識するようにします。

棚には、「お～いお茶」や「綾鷹《あやたか》」などいろんな銘柄のお茶があったのに、なぜ自分はその中から1つ選んだのか。商品名の語呂が気に入ったのか、パッケージの色が気に入ったのか、CMが印象に残っていたのか。

ネット通販でモノを買う時もそうですね。Amazonや楽天のレビューや広告、ブログなどの記事を見て買うかどうかを決めると思いますけど、自分が見た情報のうち「刺さった」のは何かを考えてみましょう。

あなた自身に刺さったキャッチコピーや記事の書き方を真似して、ブログやレビューを書けば、少なくともあなたと同じような感性を持った人に刺さる可能性は高いわけですよね。

もしあなたが二十代男性でひとり暮らし、年収400万円であれば、自分と同じような人がどんな生活をしているのか、頭の中でシミュレーションしてみましょう。人数としてはけっこういるでしょうから、うまくいけば、それなりのマーケットになるでしょう。

ちなみに僕の場合は、趣味嗜好《しこう》がすごくニッチだったりするので、この方法は使えないんですけどね。「超面白い！」と僕がハマるゲームはたいてい続編が出ませんし、コンビニで気に入った商品はすぐ店頭から消えてしまうので……。

まあそれはともかく、自分の担当する商品を魅力的にアピールする営業スキルはどんな会社でも役に立ちますし、商品企画にも使えますよ。

営業では、ほんのちょっとだけ人と違うことをしてみると効果的です。

たとえば、メールでのやり取り。今はメールでやり取りするのが普通になりましたから、誰かからメールが来たところで印象に残りません。であれば、あえて万年筆で直筆した手紙を送ってみる。

今時、直筆の手紙を受け取れば、誰でも「おっ」と感じるはずです。その手紙自体はひょっとしたら放置されてしまうかもしれませんけど、メールよりは受取人の記憶に残りやすいでしょう。

別の機会で、その人に出会うことがあれば、「昔手紙を送った者です」と言うと、「ああ、あの時の！」ということになって、会話のきっかけになるかもしれません。

べつに手紙は直筆でなければいけないということではないですよ。ほかの人がやらないことをやると印象に残りやすい、そういう差異化を行うのが、営業の本質ということなのです。


こんなふうに営業というのはとても幅広い概念なんですけど、どうしても体育会系的なイメージがつきまといますよね。何か適当な別の言葉に置き換えたほうがいいんじゃね？　とすら、僕は思っています。

▼「ヘンなこだわり」をもたない

これからは、どんな仕事が生まれるのか、あるいはなくなるのか、正確な答えは誰にもわかりません。なので、仕事をする上で「ヘンなこだわり」を持たないようにしたほうがいいと思うのですよ。

「このスキルが必要なんだな」と思ったら、さっさとそのスキルを身につけるようにする。そっちのほうが将来的にはトクする可能性が高くなるでしょう。

たとえば、寿司屋《すし》でずっと働いてきたんだけど、職場の寿司屋が潰れてしまった。料理人として何とかやっていきたいけど、寿司屋の求人が見つからない。だけど、中華料理屋ならけっこういい条件の求人がある。こんな時、皆さんはどうしますか？

自分のスキルやキャリアにこだわりがある人は、つい「俺は、寿司屋以外で働きたくない！」と言ってしまいがちです。でも、そんなこだわりはないほうがいいです。料理人にとって中華料理と寿司ではぜんぜん違うように感じるでしょうけど、食材を仕入れて、調理して、客をもてなすという飲食業の基本は同じじゃないですか。「へー、中華料理はこんな食材を使うんだ。こういう調理法もあるんだ」と、柔軟に考えて中華料理を学ぼうとするほうが、楽しく生きられると思うわけです。

自分にはこのスキルしかないから、この仕事しかできない。そんなふうに選択肢を狭めてしまうとかなり辛いです。これからの時代は、特定のスキルではなくて、状況に合わせて自分のスキルも柔軟に変えていく。そういうふうに考え方を切り替えられることのほうがずっと重要になっていくでしょうね。

▼プログラミングのすすめ

これから重宝されるスキルについて僕の意見をお話ししてきましたが、「プログラミング」に関してちょっとだけ補足しておきましょう。

小学校でもプログラミング教育が行われるなど、将来有望なスキルとしてプログラミングがすごく注目されるようになっていますよね。

自分でプログラミングできない先生が生徒に教えるとか、興味がないことを無理矢理学校で教えるとか、意味ないよなあ、と僕は思います。僕も中学校や高校で、興味のない古文や漢文を無理矢理勉強させられて本当にイヤだったので。

ただ、プログラミングに多少なりとも興味があるのなら、手を出しておいて損はないですよ。

プログラミングではない分野で、物事を少々工夫したところで、仕事の効率は倍になったりしません。すごく優秀と言われる人でも、できる仕事量にそんなに違いがあるわけじゃない。

けれど、プログラミングの場合、優秀な人とダメな人では、でき上がったプログラムの処理能力に10倍、１００倍の差がつくことがよくあります。処理の手順をアルゴリズムといいますが、うまいアルゴリズムのプログラムを書けるかどうかで、生産性はまったく違ってきます。

プログラムがどんなふうに動いているか、基本的なことがわかっていると、優秀なプログラマーがどんなことをやっているのかが見えてくる。

プログラム開発を外注する場合も、先方から提示された見積もりが妥当かどうか、ある程度判断できるようになります。自分自身がプログラマーにならなくても、トクすることは多いですよ。表計算ソフトのエクセルにしても、マクロが少し使えれば、圧倒的に仕事のスピードを上げられます。

今の時代、それなりの給料をもらえる仕事で、まったくプログラミングと無関係な仕事はないですからね。このことは、知っておいたほうがいいでしょう。

POINT

- **時代が進んでも残る仕事は、人にモノを売る「営業」である。**
- **消費者目線で発想して「この商品の何が刺さったのか」を考える。**
- **仕事への「こだわり」よりも「柔軟性」が重要である。**

相手をうまく説得する

▼「それっぽいことが言える」スキルを磨く

前項でお話しした「営業」の話とも通じるのですが、これからの時代は「それっぽいことが言える」スキルは身につけておいたほうがいいでしょう。「それっぽいことを言う」は、口からでまかせとはちょっと違います。いかに相手に「もっともらしい」と思ってもらえるロジックを考えられるか、ということです。

たとえば僕は、電車に乗っている時にひとりでちょっとしたゲームをしています。

昼間、山手線に乗っていたとしましょう。もし、次の駅が大塚だったら、誰が降りるだろうと考えてみるんです。

おばさんグループとサラリーパーソンがいたら、どちらのほうが降りる確率が高いか。昼間なら、おばさんのグループはどこかに遊びに行く途中じゃないかな。だとしたら、ターミナル駅で乗り換えるだろう。大塚にあんまり観光スポットはないですからね。でも、営業をしているサラリーパーソンだったら、大塚で降りるかもしれない……。


こうして立てた予想がきっちり当たることはそんなに多くはありませんし、僕も条件を揃《そろ》えて厳密にデータを収集しているわけでもありません。

大事なのは「合っている」かどうか、「正しい」かどうかではなくて、「それっぽい」「もっともらしい」理由を考えることができたかどうかなんです。

いい加減だと思いますか？　でも、実際の仕事でも、仮説が本当に正しかったのか検証できることのほうが少ないんじゃないですかね。

本なんかも、まさにそうです。「今このテーマが流行《はや》っている」「この著者が人気だ」「こういうデザインの表紙が手に取ってもらいやすい」などなど、本が売れるのにはさまざまな要因が関係していますが、本当のところ売れた決定的要因が何なのかを正確に検証することはできません。

「インパクトのある表紙が受けた」など、後づけで理由を説明することはいくらでも可能ですが、あくまでそれは「仮説」にすぎないわけです。別の表紙だったらもっと売れていたかもしれませんよね。

どういう商品が売れているか、その商品と似た商品を買っているのはどんな人か、商品画像Aと画像Bではどちらのほうがクリックされやすいか。これまでは、こういうデータを一生懸命調べたり、コンピューターでグラフにしたりできる人が重宝されていましたが、そういう作業はツールの高度化、自動化が進んでいますから、誰でも同じようなことができるようになっていきます。だから、データを収集して予測するような仕事の価値がなくなっていくのは間違いないでしょうね。

では、仮説を立てるのが無意味かといえば、僕はそうじゃないと思うんですよ。どんなに仕事の自動化が進んでも、最終的に人間の判断が求められる部分は必ず残ります。データ分析が進んでも実際にどういう戦略を採用するのか決めるのは人間の経営者ですし、企業にどれだけ投資するのかを決めるのも人間の投資家です。

この本の読者のほとんどは経営者ではないでしょう。それであれば、「何が正しいのか」よりも、経営者に「こいつの言っていることは説得力がある」と思われることのほうが大事です。

▼人を動かすスキル

たとえば、「来年あたりには、こういうジャンルのサービスが流行るんじゃないか？」と、ピンと来ることはけっこうありますよね。

今のところ、コンピューターにはこういう「直感」がありません。ＡＩツールに大量のデータを放り込めば、一見無関係に見えるデータの間に相関があることを教えてくれはします。何かのジャンルが流行したあとに、「この流行は××と相関がある」といった分析はできるでしょう。だけど、まだデータ化されていない、「何となくそうじゃないかという感覚」に関しては、まだコンピューターでは扱うことはできません。

ですから、あなたに「来年あたりには、こういうジャンルのサービスが流行る」という直感が下りてきたら、それに説得力を持たせる理屈やプレゼンのやり方を考えればいいわけなのですよ。

予想なんて、さっきお話しした電車の乗り降り１つ取っても、そうそう当たるものではないですが、当たればすごくラッキーです。自分の意見を採用してもらうために、何が必要かをきちんと考えましょう。

ネット上で、「重役っぽい雰囲気の話し方テクニック」の動画を見たことがあります。声のトーンや話すスピード、会議の中で一番偉い人をファーストネームで呼ぶといったテクニックを使うことで、たしかに「重役っぽさ」が醸し出されるんです。欧米ではこういう「重役っぽい雰囲気」のことを「エグゼクティブ・プレゼンス」といって、企業幹部になるための必要条件と考えられているらしいですよ。

根拠となる正確なデータがなくても、もっともらしい仮説を立てて、決定権のある人間をうまく説得する。それがどんな人間にとっても、重要な仕事になっていくでしょう。普段からそのことを意識しておいたほうがいいと思います。

POINT

- **仕事においては「もっともらしい理由」を考えることが重要である。**
- **仕事の自動化が進んだとしても、最終的な意思決定者が人間であるということは変わらない。**
- **コンピューターは、データをもとに「相関関係」の分析はできるが、まだデータ化されていない「直感」を扱うことはできない。**

「やる気を持続させるテクニック」

▼「やる気」は存在しない

ところで、やらなきゃいけない仕事があるのに、ぜんぜんやる気が出ないということは、よくありますよね。

小学校で出される夏休みの宿題にしても、きちんと計画を立てて早めに終わらせるタイプと、ギリギリまで何にもやらないタイプに分かれると思いますが、僕はもちろん後者でした。

こういう性格って、大人になったからといってそうそう変わるものではありません。

僕は早い段階で自分の性格に見切りをつけて、「すごく困るというわけでないなら、やらない」と割り切ることにしました。あとで困るのがイヤな人は、締切りまでにこなせるようにきちんと予定を立てるでしょうけど、それができないのであれば、もうしょうがない。

そういう僕も、やりたくない仕事を先送りして非常に困ることはあります。どうしようもなくなったら人の力を借りることもありますし、それもできなければ自分でやるハメになるわけですが、それでもなかなかやる気が出ません。

では、どうするか？

まず、そもそも「やる気」などというものは存在しないということに、みんな気づいたほうがいいと思うんですよね。脳研究者の池谷裕二《いけがやゆうじ》さんは、「『やる気』という言葉は、『やる気』のない人間によって創作された虚構」とまで言い切っています。

やる気は、人間の脳内に存在するのではなくて、何かの行動をやっているうちに気分が乗ってくる、それをやる気が出たと認識しているにすぎないのですよ。

僕がよく使うのは、「自分をトコトン甘やかす」というワザです。

たとえば、原稿を書かないといけないのにやる気が出ない、ゲームしたいという状況だったとしましょう。そんな時、僕は「原稿を1行書いたら、ゲームを1時間してもいい」ことにします。まあ、我ながら、これはいくら何でも自分に甘すぎますかね。

そして、原稿を1行書くわけですが、たいていの人は1行だけでは終わらず、2行目もついつい書いてしまいます。「原稿1行にゲーム1時間は、さすがに人としてまずいだろう」という罪悪感もありますから。2行目を書いたら、3行目も何とか書ける。それを続けていくと、気分が乗ってきてあっさり原稿が書けてしまったりもするわけです。

僕が思うに、人間には「自分が今やっている行為を続けようとする」性質があります。イヤなことにはなかなか手をつけられないでついつい別のことをだらだら続けてしまいがちですけど、そのイヤなことをいったんやり始めたら、今度はそっちをやり続けてしまう。

極端な言い方ですが、「やる気を出そう」などと無理にモチベーションを高めようとするのではなくて、バカな生き物をエサで誘導してやるくらいのつもりでいたほうが、結果的に仕事をこなせたりします。

自分を甘やかして仕事をさせようとしても、どうしても続かないのなら、もっと甘々の条件をつけてみる。それでもできないというのなら、その仕事はきっとあなたがやらなくていいことなんでしょうから、早いところあきらめてしまいましょう。

▼イヤなことをバネにする

仕事をしていれば、いくらでもイヤな人や、理不尽な出来事に遭います。それは避けられませんから、僕は本書で「気にしない生き方」をおすすめしてきました。

ただし、使い方次第で「イヤなこと」もポジティブに活用できるということは心にとめておいてほしいです。あくまでも、メンタルが健康な場合にかぎりますが。

イヤなことをバネにして奮起し、結果的にうまくいった人は僕の知り合いにもいます。ある知り合いの女性は、小さな化粧品メーカーに就職したのですが、美人であることをやっかまれたのか、先輩女性社員に嫌われて、あることないこと陰口を叩かれるようになってしまいました。給料も安いし、職場の人間関係も最悪。今の職場から抜け出すにはどうすればいいか真剣に考えて、秘書検定などの資格を取り、ベンチャー企業に転職しました。このベンチャー企業はその後急成長し、彼女も広報担当として充実した生活を送っています。

しょうもない会社には、必ずしょうもないバカな人がいるものです。でも、その人たちから嫌がらせされたことが、彼女にとっては資格の勉強に取り組む強いモチベーションになりました。

人間関係やコンプレックスによって生まれたマイナスの感情も、うまくモチベーションに変換することができれば、仕事や勉強で頑張れることはけっこうあります。イヤなことがあった時に、ガス抜きをすることは悪いことではありません。ストレスをため込んで鬱《うつ》になってしまうよりは、愚痴を誰かに吐き出して、すっきりするのもよいでしょう。

ただ、ずっとガス抜きを続けていると、成果物が生まれないんですよね。

何かを作るためには、能力よりもモチベーションのほうが重要だと思っています。たとえば、僕はプログラミングの能力を持っていますが、やる気がない時はぜんぜん書けません。書きたいプログラムがある時に初めて書ける。

プログラムでなくても、写真やイラスト、音楽、動画や文章など、何でもいいのですが、何か自分の心が動いた時、それを成果物に変換する習慣を持っていると、結果としてうまくいくことがあります。イヤなことがあったら、そのことを面白おかしくマンガにしてもいいじゃないですか。おいしい料理を作って、食べるのもいいですね。

POINT

- **行動するうちに気分が乗ってくることを「やる気」と認識している。**
- **人間は「今やっていること」を続けたくなる習性を持っている。**
- **ネガティブな感情を前向きに活用することができれば、仕事や勉強で成果が出るようになる。**

心配事が消える考え方

▼選択肢を想定する

「今担当している案件がうまくいかなかったらどうしよう」「締切りに間に合わなかったらどうしよう」「会社をクビになったらどうしよう」「試験に合格しなかったらどうしよう」……。

いろんなことが心配で、気が休まる時がない人はけっこう多いみたいですね。だけど僕の見るところ、心配している人は、「心配している」だけであって、「考えている」わけではないように思うのですよ。

考えるというのは、「その状況に陥った場合の選択肢」を、あらかじめ想定しておくということです。発生している物事についてシンプルにとらえるということでもあります。

たとえば、「今手がけている案件がうまく成立しなかった」場合に起こりうることは何でしょうか。冷静に考えてみると、1つの案件がうまくいかなかったからといって、いきなりクビになることは日本ではあまりなさそうです。ただ、上司に嫌味を言われたり、ボーナスを減らされたり、人事評価が悪くなって昇進しなかったり、ということはあるかもしれませんがね。

上司の嫌味は、聞いたフリだけしてあまり真剣に受けとめないようにすれば何とかなりそうです。ボーナスが減るとしたら、いくらくらいお金が足りなくなるのかをちゃんと計算してみる。昇進することでつく手当を調べてみれば、昇進してもしなくても、どっちでもいいという結論になるかもしれません。

▼無理ゲーな状況をシミュレーションする

仮に自分にとって最悪のパターンになったとしても、それでも暮らしていけるのであれば、べつに大きな問題はないわけです。最悪のパターンを想定していれば、「ここまでのリスクを取っても大丈夫」と安心できますから、伸び伸びとチャレンジして、いい結果につながることも多いです。

うまくいっている人は、だいたいこのタイプですね。

日本だと、普通に暮らしているかぎり、最悪死ぬかもしれないなんてシチュエーションに陥ることはあまりないでしょう。たいていの人にとって、最悪のシチュエーションは、ホームレスになることではないでしょうか。もし仮に、

✓ホームレスになったとしたらどうするか
✓しばらく泊めてくれそうな友達は何人いるか
✓手っ取り早く日銭を稼ぐ手段はどんなものがあるか
✓生活保護はいくらもらえるか
✓生活保護を受けるためにはどうすればいいか

この国のサラリーパーソンには、会社をクビになったら生きていけないと思い込んでいる人がけっこうたくさんいるみたいですけど、そうなったとしても日本なら余裕で生きていけます。

僕自身も、心配事が浮かんだら自分にとっての無理ゲーな状況をシミュレーションすることにしています。「フランスのビザを更新できなかったらどうするか」というわりと深刻なものから、「飛行機で隣の席にすごく太った人が乗ってきたらどうするか」といったささいなことまで、あれこれ考えるのが好きなんですよ。

ビザの更新ができなかったら、僕の代わりに働いてくれるフランス語の堪能《たんのう》な人を雇う必要があるかもしれない。それにはいくらかかるか。隣の席に太った人が座ってきても、快適に暇つぶしできるものは何か、などなど。

このように、起こりうる最悪のパターンを具体的に想定し、対応策を考えておく。期待値が高いと思い通りにいかなかった時に失望しますけど、最悪なパターンがシミュレーションできていれば、落ち込むことがほとんどなくなります。こうすれば、ちょっとしたことで「ラッキー!」と思えるようになるので、とてもおトクです。

POINT

- **「無理ゲーな状況」と「選択肢」を想定し、リスクを計算する。**
- **日本では、もし無理ゲーな状況になったとしても余裕で生きていける。**
- **最悪のパターンを予測しておけば、落ち込むことはなくなる。**

第3章

周りの目を気にしない

なぜ人と比べてしまうのか

▼2種類の同調圧力

自信がなくて、自分が周囲からどう見られているか気になって仕方がない……という人は多いですよね。

ほかの国の人たちと比べて、日本人は「隣の人」と「自分自身」を比べがちです。そういう「他人との競争」って、イコール「お金を使う競争」になってしまっていると思うのですよ。

日本人ってだいたい黒髪で、同じような肌の色、目の色、身長で、外見上そんなに大きくかけ離れていないから、服装とか「パッと見で差異化できる部分」に投資することが、自分の個性を出すことと結びついているのだと僕は思っています。

たとえば移民が多いアメリカだと、目の色も肌の色も髪の色も違うので、服装とかで他人と自分との比較をそもそもしません。


前に、日本の女子大生が集まった集合写真を外国人が面白がっていたのを見たんですけど、彼らが面白いと言っていたポイントは次のようなところでした。

✓みんな同じような服装なのに、微妙に違う
✓髪型が同じような茶髪なのに、ちょっとずつ違う

女性ファッション誌なんかを見ていると顕著ですが、「流行」というベースに、ちょっとずつみんな合わせないといけなくて、その流行が廃れたら、また別の流行にエンドレスで投資し続けるというサイクルがあります。

そのサイクルに乗っかり続けるためには、半永久的にお金が必要になります。

日本人は同調圧力が強い、っていうのはよく言われますけど、これって「意識レベル」だけじゃなくて、「外見レベル」に関してもかなり根強いですね。

たとえば、ゴスロリ系ファッションが好きとか、パンク系ファッションが好きな人って、少数派でしょう。

多数派がおしゃれと評価する服装をしている人は平均的な人で、そうじゃない人は少数派のちょっと変わった人っていう見方をされるというのはよくあります。これってかなり特徴的な日本の現象だと僕は見ています。

アメリカやフランスでは、いろいろな人種や民族の人たちが集まって社会を構成しています。そうした中では「メインカルチャー」的なものは存在しません。

すると、日本のようにみんなが一斉に同じことをするということもないんですね。

日本だと、大学生になったら「CanCam」「JJ」を読みましょうみたいな風潮もあったりしますが、海外だとこういう雑誌文化もそもそもなくて、だいたいみんなTシャツにジーパンで安い服を着ているか、こだわりがある人はスポーツ系の人だったらキャップかぶってポニーテールにしてとか、そういう感じですね。日本みたいに、「横の人に合わせないと……」っていう考えは最初からないんですよ。

アメリカでは、子どもの教育プロセスで「ほかの人とは違うユニークな個人であれ」ということをずっと教え続けます。

僕はこれ、たぶん西部開拓時代の価値観が根底にあると思うんですよ。誰もやってないところに行って自分の場所を作って、村を作り、町を作り……。

こんなふうに、アメリカという国自体が、誰かの真似をして同じ場所に行くんじゃなくて、誰もいない場所に自分の旗を立てるというプロセスをたどって発展してきたわけですしね。

▼他人との距離が近すぎる日本

そして、日本特有の同調圧力の元は「人口密度が非常に高い」というのもあると思います。人間同士、距離が近すぎると、周囲の人たちを認識しすぎてしまうので、過去に何を誰がやったのか、っていう世間体らしきものを見出しやすくなるわけなのですよ。

アメリカの場合だと、人口も多いし、なおかつ国土もでかいので、州をまたぐと誰がいるかなんて、もうわからない。基本、「隣にいる人」を認識しにくい環境なわけです。そういう世界では、過去に失敗した人であっても、場所を変えればすぐ再チャレンジできます。

でも、日本の場合だとこの人はこういう人ですよっていう履歴を残したがる。そうすると過去に1回失敗した人は二度と這《は》い上がれないみたいなキツい状況になりがち。すると一度も失敗をしないためにエネルギーを使うようになるわけです。

僕たち日本人が「気にしすぎ」な原因は、こういうところにもあると思います。

POINT

- **日本人は隣の人と同じ状態を保つためにお金を消費している。**
- **ほかの人の状況を常に察知し、気にするのは日本人に特有の現象である。**
- **国土が狭く、人口密度が高いため「隣の人」を認識しすぎる環境であることも、日本人の「気にしやすさ」の大きな要因である。**

誰からも嫌われない人はいない

▼「嫌われ慣れ」していない人たち

こういう日本社会では、他人に嫌われるのが怖くてつい周りに合わせてしまう。そして、その結果ストレスを感じる、という人はけっこういますよね。

とはいえ、他人から嫌われない人なんて存在しません。まずは、そのことを受け入れましょう。

実を言うと、僕も以前までは、他人から絶対に嫌われない「例外的なポジション取り」ができるんじゃないかと思っていました。

たとえば、『五体不満足』（講談社）の乙武洋匡《ひろただ》さん。彼は身体的なハンディキャップを背負った上で、さまざまな活動や発言をしています。あの人は嫌われたり、公の場で罵倒されたりするようなことにはならないだろうな、とかつての僕は思っていたわけです。

ところがある時、乙武さんにマスコミがバッシングを浴びせました。このあたりから、彼のことを嫌いだという人がすごい勢いで出てきたんですね。かつて例外的ポジションにいた乙武さんですら叩かれるのですから、もうこれは、どんな人も嫌われることは避けられないと、僕は確信したわけです。

タレントにしても、すごいイケメンならイケメンであることを理由に嫌われる。美人は美人であるから嫌われる。それに比べたら、イケメンでも美人でもない一般市民の嫌われ度合いなんて、そこまで高くないと思うのですよ。

「人に嫌われるのが怖い」という人は、嫌われた経験があんまりない、つまり「嫌われ慣れ」してないだけなんじゃないですかね。SNSならともかく、最近はリアルの社会で面と向かって他人ともめたり、嫌われたりする機会が減ってますから。

▼デメリットを定量化する

嫌われることが怖いという場合は、「嫌われることによって生じるデメリット」を定量化して把握しておくのが得策です。

社会にはいたるところに競争があり、その結果、妬みや恨みが発生することはどうしようもありません。仕事で頑張ってすごくいい営業成績を上げたのなら、あまり成績のよくない人から妬まれる。マイペースで仕事をしていたら、いつものんびりしやがってと嫌われる。

とくにこちらが何か害を及ぼしたわけでなくても、他人を攻撃するような迷惑な人たちも、残念ながら一定数はいます。

そんなわけなので、誰からも嫌われないように振る舞うことはできません。身近に自分のことを嫌っている人がいると居心地が悪いのはわかりますけど、嫌われることは避けられないのですよ。

もし、自分を嫌ってくる相手から実害がある場合は、週何回くらい悪口を言われるのか、悪口の程度はどんなものか、どういう嫌がらせをされるのかなどを、きちんと記録しましょう。記録を取ってきちんと定量化しているのであれば、上司に状況を報告して異動願を出すとか、しかるべきところに訴えることだってできます。最近は、パワハラ訴訟で損害賠償を勝ち取ることも珍しくなくなっていますよね。

そして、実害がないのであれば、できるかぎりスルーするのが吉です。実害はきちんと記録し、たんに感情的な問題なら「世の中そういうものだ」と受け流しましょう。

幸いにして僕はものすごく記憶力が悪いので、人に嫌われてもしばらく経つとなんで嫌われたのか、理由をすっかり忘れてしまったりします。そして僕自身も誰かを嫌うことはあったりしますが、理由を忘れてしまって、平気で挨拶してしまうこともよくあります。相手は相当驚きますけどね。

この人を嫌いとか嫌われているとか、そういうことをずっと記憶しているよりも、そんなものだと思って過ごすと、ストレスが少なくていいですよ。

POINT

- **周囲から嫌われるのが怖い人は、「嫌われ慣れ」をしていない人である。**
- **相手から危害を加えられる場合は、記録を取って「実害の度合い」を把握する。**
- **相手から嫌われた結果として、とくに実害が生じていない場合は、スルーするほうがいい。**

メンタルを整える思考法

▼あえて何度も思い出す

日々生きていると、イヤな目に遭うことは避けられません。

他人から理不尽に怒られたり、近所の人にゴミ出しのことで文句を言われたり、いきなり天気が崩れて休日の予定が台無しになったり。誰かにぶつかってこられたとか、足を踏まれたとか、どんなにお金持ちだろうと、イヤな思いをすることは必ずあります。

時には、過去の失敗や不運がフラッシュバックしてきて、「ああー！」と頭を抱えたくなることだってあるでしょう。

僕自身も以前はこういうことがあったんですけど、対処法を見つけてからは、大して気にならなくなりました。

注意してほしいのは、「イヤな記憶」への対応方法は、個々人のタイプによるということ。世の中には、大きくわけて次の2種類の人間が存在します。

- ✓イヤなことを考え続けられる人
- ✓イヤなことを考え続けるとそれがストレスになり、自爆してしまう人

僕は前者だということがわかっているので、それに応じた対処法を取るようにしているわけですが、もしあなたが後者の場合は、これから紹介する方法を無理に実行しないほうがいいでしょう。一、二度試してみて、どうしてもストレスが悪化するのであれば、あとでお伝えする別の方法を検討してくださいね。

「イヤな記憶」に対する僕の対処法は簡単で、あえて何度もそのことを思い出すよう

にするというもの。

たとえば、電車の中で足を踏まれて、なおかつ怒鳴られるなんて理不尽な目に遭ったら、すごくムカつきますよね。だけど、それを何度も何度も思い出していると、そのうち何も感じなくなる。人間の脳は、同じ刺激に慣れる性質がありますから（繰り返しますが、何度思い出しても慣れない人は、無理に思い出そうとはしないでくださいね）。

足を踏まれて怒鳴られた時、自分ははたしてどうすればよかったのか。こっちも怒鳴り返してやったら、すっきりしたのか。でも、そんなことをすればさらにもめてもっとイヤな気分になっていたかもしれない。いや、やっぱり怒鳴り返すべきだったのか。でも現実にはそうしなかったし、今さらどうしようもない。じゃあ、やらなかった過去の自分が悪いのか。だけど、自分に非がないのに、なぜ自分を責めなければいけないのか……。

こんなことを繰り返し考えていると、僕はどうでもよくなってきちゃうんですね。

▼リアクションをあらかじめ決める

イヤなことがあった時にあれこれ悩んでしまうのは、「こうすればよかった」という後悔があるからです。だけどたとえば、いきなり怒鳴られて動揺したら、とっさにうまい反応なんてなかなかできないですよね。だから、その時の自分の反応なんて、どうしようもないことです。よく考えてみると人間って、そんなに自分の言動に主導権を持っていません。

雨が降ってきた時、雨に対して真剣に怒る人はいないじゃないですか。もちろん、にわか雨に降られたらぶつくさ文句を言うにしても、雨自体に怒っているわけではないでしょう。僕たちは、自然現象に対してある意味あきらめている。

であれば、自分自身の反応も自然現象だと考えてみる。「自分がどうにかできることと」ではないと認識すれば、雨に怒らないのと同じで、どうでもよくなってくるわけなのですよ。

では、イヤな記憶を思い出すことがどうしてもストレスになってしまう人は、どうすればいいいか。

これは僕の知り合いが実行している方法なんですが、彼は「イヤなことを思い出した時」にするリアクションを決めているそうです。

たとえば、「大事なプレゼンで失敗してしまった」ということを思い出して、「ああー！」となってしまったら、「左手をぐっと握る」。「告白したけどふられた」ことを思い出したら、「右の耳たぶを引っ張る」とか。

そうやってリアクションをあらかじめ決めておいて実行するようにすれば、アクションのほうに意識が向きますから「イヤなこと」自体はだんだん気にならなくなってくる。これはうまい対処の仕方だと思います。

イヤなことをずっと考えるのが辛い人は、思い出した時に意識を別のことに向けるように心がけるのがいいでしょうね。寝るのでもいいでしょうし、運動するのでもいいでしょう。とくに運動は集中しやすいので、おすすめです。余計なことを考える暇をなくしましょう。

▼「自分の意志」だと思わない

多くの人は、自分たち人間のことを「知性的な存在」だと考えているようですが、僕はそうでもないと思っています。なぜなら、人間が物事を判断する際に使われるのは、たいていの場合、知性というより、「勘」や「その時の気分」などといった動物的な本能だからです。

たとえば、目の前にお茶と水を出されたとしましょう。あなたは、あれこれ考えた末に、お茶に手を出したつもりかもしれませんが、はたしてそれはあなたの意志によって選択した行動といえるでしょうか？

自分で選んだつもりでも、その日の温度や湿度といった環境に影響されたのかもしれないし、以前見たテレビのＣＭに影響されたのかもしれない。生まれつき、お茶の香りを好む遺伝的な形質があったのかもしれない。

人間は自由意志で選択したと思っているけど、たんに受けた刺激に対して、機械的に反応を返しているだけなのかもしれません。


恋愛や結婚にしてもそう。自由恋愛では、自分の意志で相手を選んだと多くの人は思っているけど、たんに脳のニューロンがたまたまそういうタイプに強く反応しているだけで、それを恋とか愛とか思い込んでいるだけ、と考えることもできるわけです。

もしかしたら皆さんは、「人間は機械じゃない！」と言いたくなるかもしれませんが、自分のことを機械的な反応を返す機械、あるいは本能で行動する動物だと客観的にとらえてみると、メンタルを整えやすくなりますよ。

落ち込んだり不安になったりした時、「この機械あるいは動物に、どういう刺激を与えたら、調子がよくなるだろう」と考えてみましょう。

POINT

- 「イヤなことを考え続けられる人」は、イヤな気持ちに慣れてどうでもよくなるまで何度も思い出してみる。
- 「イヤなことを考え続けるとストレスになる人」は、イヤな記憶が浮かんだ時のリアクションを決める。
- 自分自身を「機械」あるいは「動物」としてとらえてみると、精神状態を整えやすくなる。

イヤなことを引きずらないコツ

▼イライラが消える「自分トリセツ」

前項でお話しした方法にかぎらず、普段から「自分トリセツ（取扱説明書）」を作っておくと、イヤなことがあっても引きずらなくなります。

たとえば、他人にいきなり足を踏まれてイラっとしたとしましょう。その後、「ちゃんと文句を言えばよかった」とか、「もっと周りに気をつけて、踏まれそうになったら相手を注意すればよかった」とか、いろいろ後悔するかもしれません。

であれば、あらかじめ自分の対処法を用意しておけばいい。「足を踏まれたら、踏み返す」とか、自分が納得できることをルール化しておくんですね。べつにこのルールは何でもかまいません。そして大事なのは、ルール通りに行動できなかった場合でも、「自分を正当化する」と決めておくこと。

現実には、自分があらかじめ想定していたのとは違う状況がいくらでも起こる可能性があります。「足を踏み返す」つもりでも、相手がその筋の人だったらその手段は取れませんよね。その場合、「踏み返す」というルールを実行しなかった自分が正しいと納得すればいいんです。

▼「思い通りになること」を増やす

結局のところ、「イヤなこと」というのは、自分の思い通りにいかなくてストレスを感じるということです。それならば、「自分の思い通りになること」と、「自分の思い通りにならないこと」を、切り分けておけばいい。

「自分の思い通りになること」は、「前もって対応策を決めておけること」でもあります。雨にぬれるのがイヤなら、いつも傘を持って出かければいい。傘を持つという行動はあなたが自分の意思で選択できますし、雨にぬれた時のためにハンカチを持ち歩いてもいいでしょう。

だけど、実際に雨が降るかどうかはあなたの思い通りにはなりませんし、そんなことを気にしてもしょうがない。

思い通りになる部分に関して、やるべきことをやったのであれば、それ以外のことはどうしようもないとあきらめてしまいましょう。

自然現象にかぎらず、人間関係に関してもそんなに思い通りになるものではありません。「自分で何とかできる」と思い込んでいるから、それができなかった時に「何とかしなきゃ」と苦しくなる。

犬にかまれることだってあるし、バカな人とつき合わなければならないこともある。
そういうものだと思っていれば、人生、意外とラクですよ。

POINT

- **イヤな感情がわいてきた時の「行動パターン」を決めておく。**
- **人間は「自分の力でどうにもできないこと」を、イヤな感情として受けとめる。**
- **物事を「思い通りになること」と「思い通りにならないこと」に二分する。**

SNSとの向き合い方

▼「理想の自分」を手放す

本書でご紹介してきたバカな人やムダなものに振り回されない技術は、リアル社会だけではなく、ネット社会でも応用できます。

ネット、とくにSNSが普及したことで、僕たちは自分以外の人がどんな暮らしをしているのかをリアルタイムで知ることができるようになりました。

次々にタイムラインに流れてくる他人の「リア充投稿」を見て、自分と比較してがっかりする、なんていうことも、多くの人が普通にSNSを使い始める前の時代には考えられないことでした。とはいっても、SNSに上がっているのはあくまでも偶然生まれた「人生のキラキラした瞬間」を切り取ったものなんですけどね。

そうやって他人の人生をのぞき見できるようになると、人によっては「理想の自分」と「現実の自分」のギャップに苦しむことになるわけです。

いい暮らしをしている人を見て、「うらやましいな」ですめばいいんですが、マイナスの感情をこじらせて論理が歪《ゆが》んでいくとけっこう厄介です。

こじらせてしまう人は、「自分はこうあるべきである」という「理想の自分」を持っています。

理想の自分像に近づくための建設的努力ができれば何の問題もないのですが、「理想の自分」になれないフラストレーションはやがて、次のような順序で、周囲の人への攻撃へと向かっていくことが多々あります。

「自分はこうあるべきである」
←
「理想的な人生を送っている（ように見える）人がいる」
←
「自分は理想通りに生きていない」
←
「なぜこうあるべき状態にないのか」
←
「きっとアイツが悪いに違いない」

こういう人ってリアル社会にもいますよね。やたらと他人を攻撃する迷惑な人は、「自分へのマイナスの感情をこじらせてる人なんだ」と認識して、自分からはなるべく関わらないのが吉ですよ。

▼ネタだと割り切る

X（旧Twitter）やFacebook、InstagramなどのSNSは、アカウントを持っていない人のほうが珍しいくらい、みんながやっています。

だけど、たいていの人は、SNSを使っても大してトクしないと思うのですよ。ニュースサイトや有益な情報を発信する人をフォローして、情報源として活用するのであればいいですけれど、普通の人がべらべら世間話をしているのを見たり、ましてやそこに自分も参加したりするのは、基本的に時間のムダです。

前述したように、SNSにアップされる写真やテキストは、投稿者の日常の全部ではなく、たまたま発生した「キラキラした瞬間」を切り取ったものにすぎません。

「こんなにおいしいパンケーキを食べている」「こんなにすてきな異性とつき合っている」「こんなにきれいな場所を旅行している」。そういうのを見聞きすると、うらやましくなったり、自分はこんなにキラキラしてない、と落ち込んだりする。

すごい数のフォロワーがいるインスタグラマーも、ほとんどの時間はだらだらと過ごしているかもしれないけど、そういうところは見えない。他人の最高の瞬間だけを延々とながめ続けていても、手に入るのはマイナスの感情だけです。そのために貴重な時間を使うのはもったいない。

ただし、僕はアラブ石油王なんかのInstagramはよく見ますね。「白いヒョウを買った」という投稿を見て、「すごい！　ヒョウって買うモノなんだ！」と感心しても、べつにそれが妬ましくなったりはしません。自分自身とはまったく別次元のネタとして楽しめるんですよね。

こんなふうに、あくまでSNSは、自分と関係のない面白ネタやお役立ちネタの情報源だと割り切り、マイナスの感情とは距離を取ることが重要です。

▼「正義感」を持っている人たち

SNSでは「炎上」が頻発していますが、あれはシェアやリポストといった情報拡散の仕組みによるだけではなく、マイナスの感情を持つ不幸せな人が増えているということの現れなのでしょう。

SNSがなかった頃でも、会社の給湯室や居酒屋で愚痴をこぼすという文化はありましたが、SNSの登場以降、不幸な人の割合が増えている印象を受けます。X（旧Twitter）で炎上したり、クソリプ*を飛ばしたりしてくる人たちは「正義感」を振りかざす人の割合が高いです。他人を攻撃する「大義名分」を得ていると思って、本人的には気分よくなってしまっているんですね。他人を攻撃するのって気持ちいいんですよ。だって、自分としては、いいことをしてるつもりなんですから。

彼らからすると、「落ち度は悪いヤツにある」ので、いくらでも攻撃していい。すると、いつも言わないようなキツい言い方にエスカレートしていきがちです。でも、炎上させている人としては、相手は「悪者」なので、自分のしている行為は、正義なんです。他人を貶《おとし》めたり罵倒したりすることで、自分のマイナス感情を何とか処理しようとする。幸せなプラスの感情になるわけではないのに、他者を引き下げることで自分のマイナスを相対的に減らそうとするんですね。

幸せな人ならそんなことをする必要はありません。ネット上で知らない人を罵倒するよりも、友達や恋人と遊んだりしているほうがぜんぜん楽しいわけですから。

僕は1999年に匿名掲示板「2ちゃんねる」を立ち上げましたけど、匿名掲示板と、実名あるいは固定アカウントが基本のSNSでは、かなり文化に違いがあると感じます。

匿名のやり取りであれば、論争になっても、面倒くさくなった時点でやめてしまえばいい。自分の書き込みに対して攻撃が加えられたところで、べつに守らなければな

＊クソリプ：クソ＋リプライの略称。何の変哲もない、つまらないメッセージを相手に送りつけること。

らないものがあるわけでもないですし。

とはいえ、実名や固定ハンドルネームのSNSだとそうはいきません。自分とひもづけられたアカウントがあるかぎり、それに対する攻撃には反応せざるをえません。とくにX（旧Twitter）は多くの場合、わずか百数十文字の中でやり取りするわけですからね。論争に決着がつきにくいわけです。

SNSで激しく炎上したり、粘着質な人に絡まれたりして面倒だと感じた場合は、アカウントを消すのが一番の対応策です。固定のアカウントがあるかぎり、自分の周りの人にも炎上が波及したり、過去の発言まで根掘り葉掘り調べられたりして揚げ足を取られてしまう。それよりは、アカウントを削除して、被害を最小限に食い止められたほうがいいでしょう。一度SNSをやめたら、冷静になれると思いますよ。

ネット上で発信をしたいのであれば、SNSではなく、ブログがおすすめです。ある程度まとまった量のテキストを書こうと思えば、頭の中を整理してロジックを組み立てる必要がありますし、書いたテキストは成果物になります。成果物は長文のテキストでなく、詩や音楽、映像でもいいんですけどね。

SNSに投稿すると何かをやった気になりますけど、これって、たんなるガス抜きです。せっかくわいてきたモチベーションをムダに消費するだけで、何の成果物も残りません。

▼「自分がどうにかできること」以外はこだわらない

ネット上には、いろんなことで怒ったり、不満をもったりしている人が沢山います。「中国が攻めてきたらどうしよう」とか、「プーチン大統領のせいで、これから世界はどうなるんだろう」「日本経済はこれからどうなるんだろう」とか。日本や世界がどうなっていくのかについて、情報を集めて冷静に考えてみることにはそれなりに意味があるでしょう。

だけど、中国がどうだとか、ロシアがどうだとか、日本の政治がどうだとか、憤ったり憂いたりしても、ぶっちゃけ、僕たち自身がその状況を変えられるわけではありませんよね。国のことを心配するよりも、自分自身のことを心配したほうがメンタル的にも身体的にもよほど建設的で、意味があると思うのですよ。

まずは、自分の生活をきちんと立て直して、快適に暮らせることを優先しましょう。それ以外のことは考えてもしょうがないし、自分の関与なしに決まることを「そうなったら困る」と心配してもあまり意味がありませんからね。

洗濯物を干して外出したら、雨が降ってきた。「洗濯物を取り込まないと！」なんて出先で考えても、雨がやむわけではありません。雨が降っているのはどうしようもないことだし、そんなことを考えること自体が無意味です。

だから、僕は「自分がどうにかできること」以外は、こだわらないようにしています。たとえば、匿名掲示板「2ちゃんねる」に関して、これまで僕はたくさんの係争を抱えていましたけど、それもべつにストレスにはなっていませんでした。

なぜかといえば、裁判についてはすべて弁護士に任せてありますし、判決を決めるのは裁判官だから。僕が何か考えたところで判決が変わるわけではありませんから、考えてもしょうがないですもんね。

自分にはどうにもできないこと、どうでもいいことより、自分の人生にとって有意義なことを考えたほうがずっとおトクです。「自分の人生にとって有意義なことを考える」なんていうと、皆さんの中には意識高い系っぽく感じる人もいるかもしれません。

しかし、僕が言いたいのはとても単純なことです。

- ✓すごく好きなもの
- ✓強く興味があること
- ✓やると楽しくなれること

こんなふうに言いかえてもいいでしょう。

肉が好きなら、安くておいしい肉を通販サイトで探すのもいいですね。怒ったり不安になったりしているよりも、そちらのほうがよほど意味のあることだと思うのです。

POINT

- **SNSは自分とは無関係の「ネタ」として割り切る。**
- **ネット上で炎上させたり、クソリプを飛ばしたりしている人は、「正義」が他人を攻撃する「大義名分」になっている厄介な人たちである。**
- **「自分がどうにかできること」以外のことにはこだわらない。**

第4章

お金にとらわれない

お金以上の価値を知る

▼お金で買える「豊かさ」の限界値

ここまでの章では、人間関係を中心に、周りのバカな人やイヤな状況に振り回されない方法をお話ししてきました。日本人は、メンタルの状態を左右する一大要因として、「人間関係」のほかに「お金」についてもそうだと考える人が多いみたいです。でも、「幸せ」を感じるか否かに関して、「お金」ってほとんど関係ない、と僕は思うのですよ。

僕自身はたまたま運がよくて、けっこうたくさんお金を手にすることができました。

なので、自分が欲しいモノはだいたい買おうと思えば買えますが、必要がないのであんまりまとまった額のお金を使うことはありません。

お金があったらいろいろとできることは増えます。たとえば、自動車なんかがそうですよね。「1000万円のレクサスです」と言われたら興奮するかもしれませんが、1回試乗してみれば「まあ、だいたいこんな感じだ」ということはわかります。800万円の車でも1000万円の車でも、そんなに大きく違うわけではありません。こういうのって、お金持ちの人はたいてい実感しているんですけど、「車って、800万円でも、1000万円でも、ぶっちゃけ大した違いなくね？」とか言うとすごく叩かれるので、あまりこういうことを言う人はいないですね。

でも、実際のところ、車以外もだいたいそうなんです。つまり、お金をたくさん使うことで得られるものには限界値があるのですよ。

僕はお金を持っていなかった時から、「お金持ちになっても、幸福度は大して変わらないだろうな」と想像していました。自分がお金を持っていないと説得力がないので、そんなことは言いませんでしたけどね。お金のないヤツがひがんでいる、と思われるだけですし。

▼「価格のついていないモノ」を大切にする

世の中には、価格のついているモノとついていないモノがありますが、お金を使ってできるのは「価格のついているモノ」を買うことだけ。「価格がついていないモノ」はどうやっても、買うことができません。

幸福度に影響するのは、お金の多寡ではなくて、お金でできることとできないことを、実感としてわかっているかどうかなんじゃないかと思います。実際いろいろ試してはみましたが、お金で買えるモノによって本当の意味で幸福になることは、意外なほど少ないですよ。

僕がお金を自由に使えてよかったと感じたのは、海外旅行くらいですかね。

東京から大阪に行くにはだいたい往復で2、3万円のコストがかかるんですけど、ちょっと足して5万円出せばベトナムなど東南アジアに行くこともできます。ネットなどで仕入れた東南アジアの情報と、実際に行ってみて「あ、人間ってこんなに違うんだ」と受ける印象はやっぱり大きく違う。大阪も日本の中ではかなり特殊で面白い場所ですが、日本と東南アジアの違いは東京と大阪の違いどころではないですし。お金に余裕があれば、ちょっと上乗せして、これまでにない経験ができるのはメリットですね。

だけど僕は、海外旅行に行く時でもビジネスクラスに乗ったりはしません。ビジネスクラスとエコノミーの違いなんて、せいぜいシートがちょっと広いくらいのものですから。あなたがすごく太っているならビジネスクラスに余計なお金を払っても割に合うかもしれませんが、ベトナムに行くにしても飛行機に乗っているのは、せいぜい5、6時間くらいでしょう。ビジネスクラスはエコノミークラスより十数万円は高くなりますが、逆の発想をすると、エコノミークラスで行くなら5、6時間狭いシートに座っているだけで十数万円もらえるということでもあるわけです。

海外旅行で今までになかった経験をするのは「価格のついていないモノ」ですが、「価格のついている」ビジネスクラスで得られる経験なんて、ぜんぜん大したことじゃないですよ。

▼普段できない体験に投資する

ぜいたくしてよかった経験を強いてあげるなら、高級寿司屋の「すきやばし次郎」の3万円ランチくらいでしょうか。

僕は基本的に外食をしないですし、おしゃれなレストランや高価な食べ物にも大して興味がありません。コースが3万円くらいのレストランに行ったことはありますが

（自腹じゃなかったんですけど）、演出が物珍しかったりするだけで、味として飛び抜けているかといえばべつにそうでもない。１万円のマンゴーにしても、すごくおいしいですけど、５０００円のマンゴーとの違いは皮に傷があるかどうかくらいのもので、これ以外の違いは僕にはよくわかりませんでした。個人的には高いレストランも食材も、そんなに大した価値を提供できているわけじゃないよなあと思っていたんですね。

しかし、20分で食べ終わる18貫で３万円の寿司コースに客足が途切れないというのは気になりました。結局のところ、寿司の良し悪しは仕入れるネタで決まるわけですけど、わずかな最高級のネタは言い値で買い取る寿司屋に行くことになります。最高級のネタがそれ以外とどう違うかは、実際に食べてみないとわかりません。

すきやばし次郎のランチを食べてみて、「なるほど、こういうふうに違うのか」と、よく理解できたので、３万円を高いとは感じませんでした。とはいっても、もう一度すきやばし次郎に行くかというと、そういうわけではないですけど。

食事として、３万円はかなり高いほうでしょう。でも、考えてみれば、ちょっとした居酒屋でも1回行けば、5000円くらいはかかります。そういう居酒屋に6回行ったところで、何か他人に語れるような経験ができるわけではないでしょう。すきやばし次郎の3万円コースで最高級の寿司とはどういうものかがわかりましたから、ほかの店に行った時に比較できますし、「あの食材がサイコー」といった議論でもわりと勝てるようになる。そういう意味で、コスパのいい経験でしたね。「まとまった金額」を投資して、普段しないような体験をすることはおすすめです。

POINT

- **お金を使って得られる幸福には限界値がある。**
- **幸福度に影響するのは、お金でできることとできないことを実感として理解しているかどうか。**
- **普段できない体験への投資は、積極的にしたほうがいい。**

ぜいたくな生活はいらない

▼「月に5万円あれば暮らせる」

僕の場合、お金をぜんぜん持っていなかった頃も、たくさん持つようになってからも、その前後で金銭感覚はほとんど変わっていません。

大学生だった頃に住んでいたアパートの家賃は28000円、ネット回線が3000円。部屋で炊いたご飯を大学に持っていって、友人たちからおかずを1品ずつもらうなどということもよくやっていました。なので、食費もあまりかかりませんでした。全部ひっくるめても、月の生活費は5万円くらいでしたね。

「月に5万円あれば暮らせる」。それがわかったことは、僕にとって大きな意味がありました。結局、僕は会社に就職することなく、ネット関連のビジネスなどを手がけて今に至るわけですが、もし会社に就職していたとしたら、金銭感覚は大きく変わっていたかもしれません。僕はこれまで定収入のある生活をしたことがないので、お金がなくなるかもしれないという不安が常にある。なので、今お金があるからといって、ぜいたくをしようという気にはとてもなれないんですよね。

会社に勤めている人は、毎月決まった額の給料が振り込まれることを当然だと考えているでしょう。日本にはまだ年功序列の会社も残っていたりしますから、頑張れば毎年ちょっとずつ給料が上がるんじゃないかと期待している人もいるかもしれません。

定期的な収入がある人が陥りがちな罠《わな》は、「つい生活レベルを上げてしまう」こと。「今住んでいるところよりも、次はもっと広い部屋に住みたい」「評判のレストランで食事をしたい」「おしゃれな服が欲しい」「スポーツジムに通いたい」……。定収入があると、ついついこんなふうに生活のレベルを上げたくなってしまうんですよね。

最初のうちは、ちょっとしたぜいたくをするだけで、かなりテンションが上がります。だけど、繰り返していくうちに、そのぜいたくは当たり前になっていく。以前ほど気分が盛り上がるわけではないのに、そのぜいたくができないと、すごく貧乏になった気になる。これが生活レベルを上げると「損」なところだと思います。

足立区で暮らしている年収600万円の人が、港区に引っ越したら生活は相当キツくなるでしょう。買い物や外食でお金がかさみますから、自分としては同じような生活をしているつもりでも、いつの間にかお金がなくなってしまう。

ましてや、タワーマンションに住みたいなどと考え始めたら大変です。もしあなたが今、タワマンに住んでいたら申し訳ないのですが、僕はタワマンがぜんぜんうらやましくないんですよ。タワマンの40階に住んでいる知り合いによれば、エレベーターもなかなか来なかったりして、近所のコンビニに行って帰ってくるだけで30分かかってしまうそうです。そんなに不便な家の何がいいか僕にはよく理解できないんですが、たぶんみんな、「これがすてきな生活」だと思い込まされているのでしょうね。

住む場所とか、食べるものとか、いったん生活レベルを上げてしまうと、給料がいくらあっても満足感は得られませんし、むしろ下がってしまうことも多い。上がってしまった生活レベルを維持するために、楽しくもないのに働き続けなければならなくなってしまいがちです。

こういうと語弊があるかもしれませんが、ぶっちゃけ、生活レベルを上げて以前よりも幸せになったという人を僕は見たことがないんですよね。報酬が増えて幸せな人はいますけど、そういう人はだいたい無理に生活レベルを上げようとはしていないものなのです。

今の生活レベルを維持しなければならないと思い込んでしまうと、給料が下がる、あるいはなくなることが、ものすごく怖くなります。「イヤなことがあっても、絶対にこの会社を辞められない」という不安が勝って、ストレスがたまっていくわけです。

そもそも自分の生活レベルを上げないようにしていれば、会社を辞めて転職したり、ぜんぜん別のことを始めたりと、たくさんの選択肢から選べるようになりますよね。

生活レベルを上げてしまう人は、貯金もなかなかたまりません。

たとえば、「毎月5万円ためよう」と決めたとしましょう。ちゃんとそのルールを守れるのであれば立派ですが、逆にいうと「5万円の貯金さえできれば、あとは使ってもいい」という理屈も成立してしまいます。給料が上がったとしても、出費のほうもどんどん増えていってしまう。

毎月5万円貯金したら、1年間で60万円。1カ月の生活費が5万円の人は1年間暮らすことができますが、20万円の人は3カ月、30万円の人は2カ月しか暮らせません。

年収200万円で毎月5万円ためられる人はそんなに困窮することはありませんが、年収1000万円で毎月5万円しか貯金できない人は、仕事を辞めたらあっという間に行き詰まってしまうでしょう。

「給料を上げるスキル」よりも、「ムダなモノを一切買わないで生活できるスキル」を持っていたほうが、結果的に貯金が増えるし、人生の選択肢も広がりますよ。

▼自分の維持費を上げない

ぜいたくな生活をしている人と自分を比較していては、いつまで経っても幸福を実感することはできません。いい大学に進学し、いい会社に入社し、年収が上がる。それが当たり前だと思い込んでいると、どんどんキツくなっていきます。

なので、人生のどこかで一度落ちぶれてみる、生活レベルを思い切り落として、「自分の維持費」を削減してみることを、僕はあえておすすめします。

日本であれば、どんなに落ちぶれたとしても生活保護がもらえます。僕の知り合いには、何人か生活保護を受けている人がいるんですけど、彼らの生活はぜんぜん惨めではありません。家賃の安いところに住んで、ムダなモノを買わず、賢く制度を利用して、けっこう楽しそうに生きていますね。僕は現在フランス在住で、日本と海外の違いを肌感覚で実感することが多いんですけど、日本での「最低限の生活レベル」というのは、想像するよりもだいぶ高いところにあるんですよ。

たとえばグアムなんかだと、4分の1から3分の1くらいの人がフードスタンプをもらっているらしいですね。観光客とアメリカ政府がどんどんお金を落としてくれるから、みんな無理して働く必要がない。誰もフードスタンプをもらうことに罪悪感を覚えたりしません。日本人ももう少し世間体を気にしなくなれば、今よりずっとラクに生きられると思うんですがね。

POINT

- **収入に応じて生活のレベルを上げることをやめる。**
- **「給料を上げるスキル」よりも「自分の維持費を抑えるスキル」のほうが人生の選択肢を増やす上では有効。**
- **日本における「最低限の生活レベル」はかなり高い水準である。**

「欲望」をコントロールする

▼「自分の世界」を見極める

ムダなモノを一切買わないで生活すると聞くと、いつも我慢してストレスが増えてしまうと思う人もいるでしょう。だけど、物欲を抑えるというのは、実はそんなに難しいことではないんですよ。

小さい子どもは、目の前のおもちゃが手に入らなければ床に倒れ込んで泣きわめきますが、多くの大人はそんなふうにはならないですよね。大人にとって、子どもが欲しがるおもちゃは自分とは関係ない、そんなに重要でないものだからです。魅力的なモノが自分の所有物になると思い込んでしまうと、手に入らないことがストレスになりますが、自分とは関係ないものであればストレスになりようがない。ぜいたくをしたくなった時にも、それを適用すればいいというわけです。

すごく車好きな人にとっては、何千万円もする外車が欲しくてたまらないかもしれませんが、世の中にいる大多数の人はそんなふうにはならないでしょう。それは、「自分の世界」のものかどうかをちゃんと切り分けられているからです。外車にかぎらず、ほかのことについても、ちゃんと「自分の世界」に属するものかどうか、切り分けて考えればいいんですね。

僕はあまり物欲がありませんが、たまにわいた時でも、いきなりモノを買ったりはしません。まずは、欲しくなったものについて徹底的に調べるようにしています。以前ちょっといい自転車が欲しくなった時にも、価格や機能を徹底的に調べて、「やっぱ、自分にはこの自転車は必要ないな」という結論を出しました。

これはなにも欲しいものを我慢したわけではありません。「自分の世界」に属するものではないとわかったので、べつに欲しいと思わなくなっただけなのですよ。

僕は「家」や「交通費」にも、できるだけお金を使いたくないほうです。おしゃれな内装とか日当たりとかにもあまり興味がないので、住みたい地域を決めたら、まずそこで一番安い物件を探します。「さすがにこれはないな」と感じたら、次に安い物件を探すということを繰り返します。

単純ですが、こういう手間を惜しんで、「欲しい！」と思った瞬間、衝動的に買い物をしてしまう人は多いんじゃないですかね。

テレビやネットを見ていると、すてきな商品がたくさん目の前に現れてきます。とくにネットだと、ポチるだけで目の前の商品が自分のモノになりますね。こういう広告は、あなたに考える時間を与えてくれません。「今、買えば気分がすごくよくなる」「人からすごいと思われる」「買うチャンスは今だけ」、そうやって先方は、人間の無意識に働きかけてモノを買わせようとする。

なので、「欲しい！」と気持ちが盛り上がった時こそ「ちょっと待てよ」と冷静に考える時間を意識的に作りましょう。

▼「自分へのごほうび」という罠

そうはいっても、人間が自分を説得する「言い訳」はなかなか巧妙です。よく使われる言い訳は、「自分へのごほうび」でしょう。

あなたは、１カ月の間にどれくらい「自分へのごほうび」をしましたか？
ストレスの多い仕事をしている人は、「この仕事をやりきったら、あれを買うんだ！」と自分を鼓舞することが多いんじゃないかと思いますけど、その習慣はすぐにやめるべきです。

臨時収入が1000万円入ったから1万円分うまいモノを食おう、とかいうのであればべつにいいんですよ。そんなのは滅多にあることじゃないですし。

だけど、日常的に「自分へのごほうび」をしているのであれば、状況はかなりまずい。「ごほうび」といっても、べつにあなたの収入が増えるわけではありません。というか、実際には損失が発生しているわけです。ごほうびをするたびに、あなたが自由に使えるお金は減っていく。モノを買うことで一時的にストレスは軽くなるかもしれませんが、その効果は大して続きません。

次にストレスを受けたら、またモノを買って生活レベルを上げてしまうから、結果としてお金もなかなかたまらない。お金がないことによって、さらにストレスも増えるという悪循環になってしまいます。

この悪循環にはまってしまうと、一生「不幸な人生」から抜け出せなくなってしまいます。

物欲をコントロールできない人は、「自分は今、いいカモになっている」という自覚を持つようにしましょう。

POINT

- **「欲しいモノ」は「自分の世界に属するモノではない」と認識する。**
- **「自分へのごほうび」は、欲しい気持ちを後押しするための巧妙な言い訳である。**
- **物欲に振り回されるのは「いいカモ」になってしまっている証拠である。**

焦りが自然と消える思考法

▼「今、この瞬間」に意識を向ける

過去や未来のことを考えても、基本的にあまりメリットはありません。

「いい大学に行っておけばよかった」「あの時、ああすればよかった」などという過去に対する後悔とか。「給料も上がらないし貯金もないけど大丈夫だろうか」「結婚できるんだろうか」といった未来に対する不安とか。

もちろん、気持ちや金銭的に余裕のある人が、将来設計をするのであれば、ぜんぜん問題ないですよ。しかし、現状がうまくいっていないと感じていて焦っている人は、過去や未来のことを考えてはダメです。

ただ、過去や未来のことを考えないといっても、それは刹那的に自堕落に生きるのとはちょっと違うんですよね。

「今、この瞬間」だけに集中するということです。何かいきなり「意識の高い系」のアドバイスに聞こえるかもしれませんけど、そんなに大したことを言っているわけではないのですよ。

たとえば、あなたがプリンを食べたくなってコンビニで買ってきたとしましょう。目の前にはプリンがある。いつもなら雑にむしゃむしゃと食べてしまうところですが、「食べる」ということに集中してみてください。

スプーンですくって一口分を口に入れた時、どんな味がしたのかをできるだけ精密に描写してみる。別のコンビニのプリンと何か違いはあるか。カラメルのついているところとついていないところでは、どのくらい味に差があるか。カラメルの味を舌が感じられるのは、どれくらいの量以上か。

プリンを食べるだけのどうでもいいことであっても、真剣に考えてみたり、その時の感想を文字化したりすればけっこう時間がかかります。気づくと30分や1時間くらい経っていることもありますし、そうやってプリンのことをあれこれ考えている間は、別のことをすっかり忘れていたりもします。

▼何か1つのことに集中する

同様のことは、マンガやアニメ、ゲームでもできます。

雑にマンガを読み飛ばすのではなく、1コマ1コマじっくり読み込んでみましょう。

「あるコマから別のコマに移る時、どうしてキャラクターの向きが変わっているんだろう」「ほかのコマはみんな長方形なのに、どうしてこのコマだけ斜めに切っているんだろう」「なぜこのコマでは、いきなり花が描かれているのか」などなど……。

何回も読んで話を覚えているマンガであっても、理由を考えながら1コマ1コマをじっくり追っていくと、すごく読むのに時間がかかりますが、その間はほかのことを忘れています。

「過去や未来のことを考えるな」と言われてもかえって不安になってしまいますが、何か1つのことに集中できればほかのことを考えなくなる。そういう「無心」な状態を能動的に作ることは、ストレスのある人にとってはすごく重要です。

昔から宗教では、無心な状態を作る仕組みをうまく活用してきました。念仏を唱えたり、ゴスペルを歌ったりするといったことは、まさにそう。極端に言えば、念仏やゴスペルの内容自体に意味があるのではなく、その時に集中して余計なことを考えないことに意味があるわけなのです。

自分がずっと入り込めることなら、どんな行為でもかまいません。金属やガラスの器をひたすら磨いてピカピカにするのでもいいし、窓を新聞紙で磨くのでもいい。

そもそも、人間の脳が不安を感じるのは、生物的進化の結果です。生物というのは、別の生き物に食われたりしないよう危険を避ける性質があります。

「今の俺は超安心、絶対大丈夫！」などと余裕をこいている人ばかりなら、ホモ・サピエンスはこんなに繁栄しなかったでしょう。いつも心配していたり不安だったりするのは生物として、人間として、ごく自然なことなのですよ。

人類は20万年かけて今のような社会を築き、生存を脅かされるような状況から脱しましたが、遺伝子に刻まれた不安を感じる仕組みは昔のままです。生存の心配がなくなったのに、心配せずにはいられません。

不安を感じてもそれに耐えられるタイプの人なら問題ないんですが、そうでないタイプの人は、心を切り替えるためのスイッチを持っておくようにしたほうがいいと思います。

いったん心配し始めると次から次へと不安がわいてきますけど、それらのうち本当に危機的なものはそんなに多くありません。いったん別の何かに没頭し、心を切り替える。たぶんそうしたほうが、本当の問題に対して冷静に対処できるんじゃないでしょうか。

POINT

- **「過去」のことや「未来」のことを考えてもムダに不安になるだけである。**
- **今目の前にあることに没頭していろいろ考えを巡らせていると、不安な気持ちに意識が向かなくなる。**
- **「念仏」や「ゴスペル」も今に集中して雑念を払うためのシステムの一種といえる。**

人間の幸せのメカニズム

▼幸福度と「おトク感」

今の僕はお金に困っているわけではないのですが、「おトク感」のあるゲームを見つけるのがけっこう好きです。

たとえばコンビニ。今はもう廃止されてしまいましたが、以前のローソンには「来店ポイント」という制度がありました。どんなに安い商品でも、レジでPontaカードを見せると1ポイントが加算されていたんですね。それ以外にお買い上げポイントが1ポイントつくので、100円の商品を買ったら2ポイントもらえたわけです。知り合いとローソンに行った時にも、ほかの人がPontaカードを出さない時は僕のカードにポイントをためてもらっていました。

モスバーガーにもおトクなサービスがあります。モスバーガーは注文を受けてから調理を始めるのでけっこう待たされますが、店に行く前に電話で注文することができます。こうすると待たされずにハンバーガーを食べられる上、電話代ということで10円もらえるんですね。実は、ネットで注文しても同じように10円もらえます。

けちくさいと思いますか?

100円のガムを買って2ポイントついたら利率は2%、500円のバーガーで10円もらえたらやっぱり利率は2%です。2%の利息が確実につく投資商品なんて、そんなにありませんよね。

▼お金をかけずに楽しめることを見つける

1カ月に数円、数十円トクしたところで、大した金額にはなりませんし、生活が変わるということもないでしょう。だけど、誰だって10円、100円拾ったらラッキーだと思うじゃないですか。何だかトクした気分になって、ちょっとうれしい。

自販機の釣り銭受けをあさったり、目を皿のようにして道を歩いたりしなくても、今の世の中には、こんなふうにちょっとしたおトク感を得られる仕組みがたくさん用意されています。面倒な仕事をして10円しかもらえないのならともかく、手間をかけないで100円もらえるのなら、悪い話ではないでしょう。

僕がいいたいのは、それでお金を儲けようということではありません。人間は、おトクなことがあると幸福を感じるようにできているのですから、うまくこの脳の仕組みを利用していい気分になったほうがいい、ということなのですよ。

楽しくなりたい、幸せになりたい。そう思った時、人はついついお金で解決しようとしがちです。高いモノを買ったり、いいところに住もうとしたり。でも、お金をかけずに楽しめることを普段から見つけるようにしたほうが、人生のコスパはずっといいですよ。

POINT

- **無料で「おトク感」を得られるミニゲームは、実はたくさん存在している。**
- **人間は「おトクに感じる」ことで幸福感を抱く。**
- **「お金のコスパ」よりも「人生のコスパ」を上げるように考えると、楽しく生きていける。**

第5章

社会に期待しない

日本社会でこれから生き残るには

▼データで見る日本の現状

前章までで、バカな人が周囲にいたり、ストレスフルな職場で働いていたりしても、自分だけノーダメージでいるためのいろいろな方法についてお話ししてきました。

しかし他方で、日本社会はこれから20年、30年かけて少しずつ衰退し、元気がなくなっていく。残念ではありますが、この流れは不可避だと僕は考えています。

2020年時点の世界における、年齢の中央値は30・9歳。一方、日本は先進国の中で堂々1位の48・6歳です（ちなみに、1位はモナコ公国の55・4歳ですが、この国は総人口約36686人の都市国家です)。日本のあとには、ドイツの47・8歳、イタリアの46・5歳、ギリシアの45・3歳が続きます。

今時の(先進国の)50歳は、高齢者というにはまだ早いですけど、それなりに落ち着いた大人であり、若者ではありません。社会の中心になっているのが中高年だと、若者とは行動が変わってきます。

2023年、フランスでは警察官による17歳の少年の射殺事件を巡って、大規模なデモが全国的に発生し、一部で過激化しました。一晩で2000台以上の車に火がつけられ、レストランのテーブルやテントも燃やされたりしていましたから、被害を受けたほうはたまったものではなかったでしょうね。

▼日本で社会変革が起こりにくい理由

フランスの年齢中央値を見てみると、41・7歳。中央値で7歳も若いというのは、けっこうな違いです。社会的な現象すべてを年齢だけで説明することはできませんが、やはり若年層の人口ボリュームが大きい国は勢いがあります。

ショーウィンドウを破壊したり、自動車をひっくり返したりするような暴力行為を見ると多くの人は顔をしかめますし、僕も暴力行為を肯定するわけではありません。

だけど、社会的なムーブメントというのは、ある程度「ネジ」が外れてないと起こらない側面があります。日本は明治維新という大変革によって近代国家に生まれ変わりましたけど、あの頃の争乱はフランスで起こっているデモの比ではないですから。

歴史の教科書に載っている有名人も、今の基準からすればテロリストみたいな人がいっぱいいます。若者はエネルギーが有り余っており、そのエネルギーが特定の方向に向かうと、すごい社会変革につながることがあります。

今の日本は、人口の年齢構成が上に偏っている上、それなりに快適で秩序だった社会になっています。それぞれが不満を抱えてはいるけれど、それぞれでガス抜きの方法があるものだから、社会を変革するようなエネルギーにはなりにくいんですね。

POINT

- 日本社会が右肩下がりになっていく流れをとめることは難しい。
- フランスのように、国を支える世代が「若い」ということは社会変革を後押しするエネルギーになる。
- 日本社会の衰退の根本要因は、「高齢化」である。

「幸せ」とは何か

▼消滅する仕事

産業全般についても同じことがいえます。

少子高齢化が進んで人口が減っていくわけですから、どうしても日本人を対象にしたビジネスは縮小していかざるをえない。今経営状態がよいと言われる新興企業にしても、正直いって、その成長が今後も続くと僕には思えないんです。

たとえば、スマホ用ソシャゲ*を大ヒットさせた企業は、すごく利益率が高くなります。スマホ用ゲームアプリ自体は世界的な市場になっていますが、ガチャで課金するソシャゲなどというのは、世界的に見れば大して評価されていません。

ある調査会社のレポートによると、２０２１年の1月から9月までのｉＯＳ（iPhone や iPad）用 App Store でアプリ課金が世界一だったのは日本だそうです。どんなアプリに課金しているのかといえば、ソシャゲのガチャということになるでしょう。ほかの国でもガチャで課金させるアプリはありますが、欧米、それに中国で規制強化が進んでいます。

日本で儲けているソシャゲの会社というのは、結局のところ、日本国内のオタク層からお金を搾り取っているだけなんじゃないですかね。日本国内でぐるぐるお金を回していて一見すると景気がよさそうに見えるけれど、人口が減って規制も厳しくなればこういうビジネスはすぐ頭打ちになってしまいます。

日本企業がきちんと儲けるなら、外国にモノやサービスを売って稼がないといけないはずなんですが、そういう企業はなかなか増えてこないです。

＊ソシャゲ：「ソーシャルゲーム」の略称。ＳＮＳ上で、動作環境が提供されているブラウザゲームを指す。

２０１０年代以降、手軽に飛ばせるドローンが注目を集めるようになってきました。昔のラジコンヘリは、飛ばすのが難しいけっこうマニアックな趣味でしたが、スマホ技術の応用で作られたドローンは誰でも簡単に飛ばすことができたので、世界的に普及が進みました。

ところが日本では、ドローンが首相官邸に落下したりとか、祭などのイベントで衝突事故が起こったりしたことがきっかけになって、ドローンを規制しようという動きが進み、２０１５年には改正航空法が施行されてしまいました。これによって、その辺の公園や河原で気軽にドローンを飛ばして遊ぶことができなくなり、生まれかけていたドローン産業も消えてしまいました。

この間、アメリカや中国ではスタートアップ企業が次々にドローンの開発を手がけるようになり、ドローンは世界的な産業に急成長していきました。たんにホビー用ドローンを販売するだけでなく、ドローンによる無人配送だとか、人の乗れるドローンを使った空飛ぶタクシーだとか、まったく新しい産業が生まれていったわけです。業界最大手の中国ドローンメーカー、ＤＪＩは企業価値が１５０億ドルと言われていますからね。

ドローンが登場する前、ラジコンヘリの世界シェアを握っていたのは日本のメーカーでしたから、ドローン規制がなければ、もうちょっと日本企業も世界で活躍できていたかもしれないいんですけど。ドローンにかぎらず、将来の産業の芽を摘み取ってしまうようなことばかり、日本は繰り返していますね。

外国にモノを売れる会社が増えませんから、日本の産業の競争力は次第に低下していくことになります。

いろんな産業があまりうまくいかないという状態が続いたあと、最終的に残るのは「観光」でしょう。ポジティブな選択をして観光産業が栄えるのではなく、ほかの産業が消えていった結果、消去法で観光が残るというだけの話ですがね。

日本は独自の文化と歴史が蓄積されていますから、観光地としての魅力は持ち続けるはずです。
海外で稼ぐ産業が増えないから、日本円の価値は下がり続ける。日本に住んでいる人が海外のモノを買おうとすると今より負担が増えることになりますが、逆に海外からやって来る観光客にとってはありがたい。日本円が安くなれば、同じだけのお金でたくさん買い物できるわけですからね。

世界的に見れば、今でも日本は観光地としておトクです。治安のよさは世界一だし、食事もうまくて安い。東南アジアの屋台を除けば、日本のレストランは世界トップレベルの安さだと思います。
独自の文化があり、治安がよく、食事がおいしくて、しかも安い。観光地としては最強ですから、外国から日本にやって来る観光客は間違いなくこれからも増え続けるでしょうね。

同じようなパターンをたどっている国として挙げられるのは、ギリシアやスペイン、イタリアです。あの辺の国は、観光以外には大した産業もなく（スペインのファッションブランド「ZARA」くらいでしょうか）、失業率はずっと高いままです。だけど、観光地としての魅力はトップクラスで、世界中から観光客がやってきています。

これらの国は、経済的にはパッとしませんが、国民みんなが不幸のどん底にいるというわけではありません。2023年度の世界幸福度ランキングでは、スペインやイタリアは日本を上回っていますからね（経済危機の瀬戸際にずっといるギリシアは、さすがに日本を下回っていますが）。

今後、20、30年のスパンで日本は衰退していきますが、最悪レベルでもスペインやイタリア、ギリシアよりはけっこういい状況にあるんじゃないでしょうか。

▼自分は自分、他人は他人

日本が国として衰退していく、日本企業は世界で稼げない。そんなことを聞かされると、落ち込んでしまうかもしれません。

産業の競争力が全体的に落ちて、たいていの企業では給料アップが望めなくなるでしょうけど、だからといって僕たち個人個人が不幸になるかといえば、それは違うと思うのですよ。

お金を使って幸せになろうとすると日本はなかなか大変ですが、そうでなければ日本はかなりイージーモードです。先にもいったように、日本は治安もいいし、食事も含めて物価が安い。

景気がよかった昔だとか、同世代の金回りのいいヤツとか、そんなのと比べてしまうから自分が不幸だという気がしてしまうだけなのですよ。

自分は自分、他人は他人。ぜんぜん気にしなければ、世界的に見ても、日本はお金を使わずに幸せになりやすい国です。

国として衰退しようが、産業の競争力が弱くなろうが、個人の幸福度とは別問題だということを理解しましょう。

▼ブラック企業はなくなる

悲観的な予想ばかり続きましたが、僕はポジティブな予想もしています。

日本は労働集約型の産業構造からなかなか抜け出せず、給料も上がりませんが、ブラック企業は今後減っていくことになるはずです。

なぜそう考えるのか。

今の時代、うまくいったビジネスはすぐ真似され、より安い商品やサービスが出てきます。利益率が高いビジネスを見つけたとしても、すぐにライバル会社が参入してきますから、利益率は下がり続けるわけです。

MATANA（Microsoft、Amazon、Tesla、Alphabet、NVIDIA、Apple）のように、スーパースター級の超絶優秀な人材を、高い給料でかき集めて成長するという企業もありますが、それは日本で何十年も続けられるようなビジネスモデルではありません。

たとえば、かつてソシャゲは、とても利益率の高くておいしいビジネスでした。ユーザーにガチャを引かせてかわいいイラストを表示するだけで、お金を払ってもらえるのですから、こんなにうまい話はありません。しかし、そういうおいしいビジネスはいつまでも続きません。たくさんの会社がソシャゲに参入してきました。戦闘画面はもっと派手に、ストーリーはもっとハラハラドキドキするように、イラストはもっとかわいくしていかないと、ユーザーには相手にしてもらえません。

競争が激しくなると、優秀なエンジニアやデザイナーを高い給料で雇わなければなりませんし、制作費は高騰していきます。ものすごく制作費をかけたからといってヒットするとはかぎらないわけで、あっという間にソシャゲはおいしい商売ではなくなってしまいました。利益が出なくなったら、社員に高い給料を払うこともできなくなります。

超優秀な人を雇って高い利益率を目指すより、そんなに優秀でない人をこき使って、そこそこの利益を目指したほうが、企業は長生きできる気がするんですよね。ビジネスとしてものすごくおいしいわけではないから、そんなにライバルもいない。ずっと同じお菓子だとか雑貨だとかを作り続けている会社って、けっこうありますよね。今だと大量の広告費をかけなくても、Amazonを始めとした販路を使ってじわじわと売ることもできます。

できるだけコストを抑えて定番商品を出し続けるのが、会社が生き残る方法ですが、だからといって社員を安月給でこき使うだけだと、社員はもっと条件のいい会社に逃げてしまいます。

給料は安いけど、職場は楽しい。社長はいい人だから、頼まれたらサービス残業も仕方ないか……。社員にそう思わせられる会社が、これから生き残ると思いますよ。給料にこだわらなければ、普通の人が働きやすい環境は増えてくるはずです。

ただ1つ、ネックとなるのは解雇規制でしょうか。日本では正社員としていったん雇ったら、その人がどんなに使えなくても解雇することは容易ではありません。働かずに給料だけもらおうというフリーライダーがいると、企業は人をなかなか雇おうとはしません。金銭解雇のルールをきちんと入れたほうが、社員にとっても企業にとってもメリットは大きいでしょう。

▼幸せの階段を上ろう

お金で幸せになれると思わない。ほかの人と比べない。突き詰めるなら、これだけを守っていれば、そんなに不幸せにはならないと思います。

だけど、「そうはいっても、どうせなら条件のいい企業で働きたいなあ」という人のために、これから有望な仕事を見つけるコツを紹介しておきましょう。

日本に残る産業として観光を挙げましたが、まだしばらく持ちそうな業界としてITと部品はアリでしょうね。日本のIT企業は世界基準からすると驚くほど低賃金ですが、その割には納期も守るし、上がってくるシステムもまともです。

今はオフショア開発といって、インドなどに発注するケースが世界的に見て多いのですが、日本企業がこのポジションを取るのは十分に可能でしょう。安くて品質のよいシステムを作る下請けですね。

部品産業も悪くない選択です。

日本企業はデザインやマーケティングが苦手で、最終製品やサービスではアメリカや中国、韓国の企業にはまず勝てそうにありません。だけど部品自体には競争力がありますし、利益率が低いわけでもないんですね。

デジカメが売れなくなっているとはいっても、ソニーのイメージセンサーや、村田製作所のコンデンサは世界中で使われています。東芝もパソコン事業はパッとしませんでしたが、フラッシュメモリは稼ぎ頭だったわけですから。

働き口を探す際に、こうした業界を選ぶのは悪くないでしょう。

ただ、それ以上に重要なのは、「外貨を稼げる」かどうかです。先に挙げたＩＴや部品産業にしても、海外市場で稼げることが大前提。人口が減少する日本国内市場だけをターゲットにした業界では、おいしい思いはあまりできそうにありません。

外貨で稼ぐ仕組みを学ぶには、外資系企業に勤めるのが一番手っ取り早い選択肢だと思います。日本企業の仕事の進め方は日本国内でしか通用しないことが多いので、身につけたところであまり価値がないのですが、外資系企業ならグローバルスタンダードのやり方を学べます。Google の日本法人にしても今は大して英語をしゃべれなくても入社できますし、外資系企業のハードルは昔ほど高くなくなっています。

あとで日本企業に転職するにしても、外資系のワークフローは大いに活かすことができるでしょう。

POINT

- **日本は、お金を使わずに幸せになりやすい国である。**
- **日本は労働集約型の産業構造から抜け出せず、給料も安いままだが、いずれブラック企業はなくなる。**
- **「お金で幸せになれるという考えをやめる」ことと「ほかの人と比較しない」ことで、幸せに生きることができる。**

エピローグ

気にしないための「7つの習慣」

この本では、ここまで他人に振り回されて自分をすり減らさないための「気にしない生き方」についてお話ししてきました。最後に、僕自身が幸せでいるために意識的にやめている「7つの習慣」についてお話ししたいと思います。

▼1 思い出し怒りをしない

怒りには2種類あります。「その場で発生する怒り」と、「思い出し怒り」です。前者はありますけど、後者は「しない」ルールにしています。なぜなら、意味がないからです。

「思い出し怒り」には「あの時、ああすればよかった」みたいな後悔がベースにあります。ということは「あの時」にイラっときたタイミングで怒って、なぜ自分がイラついたのかの原因がわかれば、後々「思い出し怒り」をしないですむというわけです。

過去の出来事にイラつくことが多い人は、ムカつく出来事に最初に遭遇したタイミングで怒って、自分の怒りの原因が何なのかはっきりさせておく習慣をつけると、ストレスフリーでいられますよ。

▼2 物事の因果関係を誤解しない

物事の因果関係をきちんとわかっていないと、ムダな嫉妬やイヤな気持ちを引きずることになります。たとえば、あなたが嫉妬している相手が結婚したとします。そしてその相手に対する悪口をネット上で言って発散したとします。でも、その時あなたが一時的に気分がよくなったからといって、あなた自身は何も変わりません。

自分の能力が向上することに気分がよくなる、というのは正しいモチベーションの感じ方ですが、自分が何も変わらない、生産性のないほうにやりがいを感じるわけですから、何のプラスにもならないことを続けても意味がない。

自分が今幸せか、ということと、自分が実際に幸せになるステップを踏んでいるか、はまったく別問題だと僕は思うのですよ。

▼3 自分に厳しくしない

ここだけの話なんですけど、僕、自分のことが好きなんです。理由は、「自分に無理させない」から。

僕、どんなに重要なミーティングとかがあっても、仕事の予定よりも睡眠を優先したりするんですね。

そうしていると、まあ、いろいろなチャンスを失うことはあるんですけど、「そういうことを理解できない人とはうまくいかないものだ」と決めてしまいます。自分ルールを決めると、僕のそういう面を「気にしない人たち」だけに囲まれて、かなり快適に生きていくことができるわけです。

▼4 舌を肥やさない

僕の友人の名言で、「舌を肥やすな、飯がまずくなるぞ」というのがあります。彼はたまにこういう鋭い一言を言うんですけど、座右の銘として、僕が一生心にとめておくであろう人生哲学です。

おいしいものをずっと食べているとおいしいと感じなくなる、という経験がある人は多いでしょう。これって、「普通にしていれば幸せだと感じたことを、そう感じられなくなる」という一種の人間の能力の欠落だと思うのですよ。くれぐれもそうならないようにしたいな、と僕自身は思うわけです。

▼ 5 上を見ない

人間って自分より上の人と比べて自己評価をしてしまいがちです。この思考のクセを持っていると人生にとって害悪だと僕は思います。

よく、「向上心」と「コンプレックス」って同じものとしてとらえられていますけど、これらはぜんぜん別物です。

たとえば、日本の有名なプログラマーに、まつもとゆきひろさんがいます。まつもとさんに憧れた僕が、まつもとさんのようになりたい、と思って、彼のアルゴリズムのワザを盗もうと努力する。これは「向上心」です。

向上心は相手と自分を比べる「ジャンル」が決まっているんですね。一方「コンプレックス」は「価値観」の相違なので、そもそも土壌が違うから比べることは無意味なのですよ。

▼6　無料で楽しめることにお金を払わない

ソシャゲで、最初は無料から始められても、ある段階まで行くと課金しないとスムーズに進めなくなるものがあります。

こういう無料で楽しめるもので、お金を使ってやるプランを始めた途端に、僕たちは「いくらお金を使ったから、それに見合うリターンが欲しい」という思考になってしまいます。

このサイクルに入ると、いつまでも自分の気持ちが満たされることはありません。

この本でもお話ししてきましたが、「お金を使い続ける無限ループ」から脱却しないかぎり、幸せにはなれないと思うのですよ。

▼ 7 「やりたいこと」にこだわらない

習得するスキルに対して柔軟性を持つ、というのは本書の中でもお話ししてきました。これは仕事にたいする価値観、といった文脈でよく言われることですけど、「自分のやりたいこと」とか「天職」とかって、存在しないんじゃないでしょうか。自分のやりたいことを探すよりも、自分にとってできるかもしれないものを探したほうがいいんじゃないかと僕は思うのですよ。

人間って基本、自分が普通にできそうなものより、難度が高いものをクリアした時に達成感を抱くものです。だから、「好きなこと」よりもむしろ「ちょっと苦手かもしれないこと」を少しずつできるようになるほうが、実は楽しいのかもしれません。

著者略歴

ひろゆき（西村博之）

1976年、神奈川県生まれ。東京都に移り、中央大学へと進学。在学中に、アメリカのアーカンソー州に留学。1999年にインターネットの匿名掲示板「2ちゃんねる」を開設し、管理人になる。東京プラス株式会社代表取締役、有限会社未来検索ブラジル取締役など、多くの企業に携わり、企画立案やサービス運営、プログラマーとしても活躍する。2005年に株式会社ニワンゴ取締役管理人に就任。2006年、「ニコニコ動画」を開始し、大反響を呼ぶ。2009年「2ちゃんねる」の譲渡を発表。2015年、英語圏最大の匿名掲示板「4chan」の管理人となった。2019年、「相手の人格を否定すること」を禁じた新たなSNSサービス「ペンギン村」をリリース。自身のYouTubeチャンネルの登録者数は160万人超、X（旧Twitter）のフォロワー数は240万人超。主な著書に、『1%の努力』『99%はバイアス』（以上、ダイヤモンド社）、『論破力』（朝日新聞出版）、『無敵の思考』『働き方 完全無双』（以上、大和書房）、『プログラマーは世界をどう見ているのか』（SBクリエイティブ）などがある。

気《き》にしない生《い》き方《かた》

2024年2月3日　初版第1刷発行

著　　者　ひろゆき（西村《にしむら》博之《ひろゆき》）
発 行 者　小川 淳
発 行 所　SBクリエイティブ株式会社
〒105-0001　東京都港区虎ノ門2-2-1

装丁・本文デザイン　小口翔平、後藤司、青山風音（tobufune）
D　T　P　株式会社RUHIA
校　　正　有限会社あかえんぴつ
編集協力　山路達也
編　　集　藤井翔太
印刷・製本　中央精版印刷株式会社

本書をお読みになったご意見・ご感想を
下記URL、または左記QRコードよりお寄せください。
https://isbn2.sbcr.jp/23944/

ISBN 978-4-8156-2394-4